나,
진주사람
김경현이오!

『김경현의 진주이야기 100선』과

『진주 죽이기』를 말하다

『진주이야기 100선』과 『진주 죽이기』를 말하다

나, 진주사람
김경현이오!

일러두기

- *와 ** 및 *** 표시는 편저자의 주(註)를 말합니다. 그러나 본문에 나오는 인용문의 출처는 각주가 아닌 본문에 밝혔습니다.
- 본문은 가독성을 위해 문장 단락의 줄과 줄 사이의 행간을 필요한 경우를 제외하고는 모두 한 줄씩 비웠습니다.
- 이 책에 인용한 외부의 글이나 방송 내레이션에 대해서는 글쓴이나 방송 진행자의 이름과 당시 직책을 밝혔습니다. 인용문의 글머리에는 출처를 넣고 글 말미에는 해당자의 약력을 간략히 적었으며, 중복된 경우에는 생략했습니다. 다만 북리뷰나 보도자료를 쓴 글쓴이가 출판사인 경우에는 단체의 창립 이력을 적었습니다.
- 저서는 『』, 시나 글 제목은 「」, 정기간행물과 방송 및 인터넷매체는 《》, 상이나 영화 및 방송 타이틀은 〈〉 등으로 표시했습니다. 예를 들어 『진주이야기 100선』, 『친일인명사전』, 「논개」, 「신(新) 시일야방성대곡」, 《경남도민일보》, 《단디뉴스》, 《MBC경남》, 〈임종국상〉, 〈어른 김장하〉, 〈정보 주는 라디오〉 등.
- 말줄임표(……)는 모두 (…)로 통일하고, 단독 인용문은 쌍따옴표("")를 사용했습니다.
- 인용문에 대한 편저자의 설명이나 용어 풀이, 한자 첨부 등은 괄호 또는 대괄호를 사용했습니다. 예를 들면 '[이하 질문 및 답변(Q&A)]', '고쳐서 바로잡거나[개정(改訂)] 더하고 보탠[증보(增補)]' 등.
- 방송 인터뷰나 북토크에서 나온 대화를 인용할 때는 녹취를 풀어썼는데, 실제 방송이나 북토크 내용과는 약간의 차이가 있을 수 있으므로 입말을 최대한 살리고 대화 중 생략된 말을 그대로 살리고자 괄호 및 대괄호를 사용해 내용을 보완했습니다.
- 참고로, 이 책에 게재한 인용문은 글쓴이의 동의를 얻었으나 그 가운데 블로그 등에 닉네임으로 올려진 글(예컨대 해바락이, 해밀리님이 쓴 2편의 글)에 대해서는 사전에 글쓴이의 양해를 구하는 것이 여의치 않았던 관계로 추후 출판사로 연락해주시면 편저자가 인사드리도록 하겠습니다.

프롤로그

중이 제 머리 못 깎는다

　속담 중에 "중이 제 머리 못 깎는다"는 말이 있다. 스님을 비하하는 말이라기보다 마땅히 하기 힘든 일은 하기 어렵다는 것을 비유하는 말이다. 이를테면 자기가 쓴 책에 대해 비평을 스스로 하기란 어렵다는 것을 이 속담을 통해 빗댄 것이다. 자화자찬을 경계하는 말이기도 하다. 그래서 생각한 것이 필자의 졸저『진주이야기 100선』과『진주 죽이기』를 바라본 외부의 시각을 담아보는 것이었다. 이를 위해 책 소개인 북리뷰 및 언론 보도자료를 비롯해 서평과 독후감, 인터뷰의 질문과 답변(Q&A) 및 방송 내레이션, 페이스북과 블로그의 단상, 그리고 강연 후기와 애독자가 보내준 글까지 추려서 모아 보았다. 물론 외부의 시각으로 구성했지만 마지막 부분에 가서는 해명이나 답을 위한 필자의 생각도 덧붙여 정리했다. 따라서 이 책의 구성은 필자의 두 책을 조명하고 평가해 볼 목적으로 기획함으로써 출발했다.

　지금 생각해도 당돌하지만, 이 책의 제목은 "나, 진주사람 김경현이오!"라는 선언적인 말이다. 그런데 앞에서 언급한 바와 같이 "중이 제 머리 못 깎는다"는 말이 생각나는 것은 무슨 까닭일까? 그 이유는 필자가 스스로 "나, 진주사람 김경현이오!"라고 부르기에는 솔직히 민망스러운 느낌이 있었기 때문이다. 그래서 그것을 비유해서 머리를 스스로 못 깎는 중을 생각하고 비유해 본 것이다. 솔직히 말해 이 말은 필자가 붙인 말이 절대로 아니다. 그렇다면 "나, 진주사람 김경현이오!"라는 말은 누가 언제 왜 무엇 때문에 붙인 것인가. 물론 출판사가 붙인 말도, 더구나 진주에 사는 사람이 붙인 말도 아니다. 그러면 누가 붙인 말일까. 진주의 누군가가 붙여준 말도 아니라면 대체 어디에서 이런 말이 나온 것일까. 뜻밖에도 이 말은 민족문제연구소 조세열 상임이사가 『진주 죽이기』의 원고를 읽고 추천사를 쓸 때 제목으로 붙이면서 처음 나왔다. 그런데 조 상임이사는 진주사람이 아닌 경주 출신으로, 이른바 '경주사람'이었다.

사실 필자가 『진주이야기 100선』과 『진주 죽이기』를 쓰기 전에는 진주에서 거의 알려지지 않은 이른바 '미스터 미스테리'였고 '듣보수잡', 속된 말로 '듣도 보도 못한 수상한 잡놈'이었다. 진주지역의 역사와 문화를 찾아 나설 때만 해도 이름 없는 이방인이고 역사 순례자에 불과했고, 진주사람들의 과거사를 꼬치꼬치 캐묻고 다니는 이상한 놈이었다. 말투도 세련된 서울 말씨가 아니라 경상도에서는 가장 이질적인 말투로 통하는 전라도 사투리였다. 필자가 진주에 살기 시작한 1980년대 중반만 해도 전라도를 차별하는 지역감정이 알게 모르게 존재할 때였다. 그래서 스스로 진주사람이라고 부르지 못하는 것처럼 진주의 서자로 취급되었다고 생각했다. 대한민국의 서자처럼 내다버린 '전라민국'의 자식처럼 느껴졌다. 그래서 첩의 자식인 홍길동이 아버지를 아버지라고 부르지 못하는 것처럼 필자도 진주에서는 그와 같은 처지라고 생각했다. 아무리 노력했지만 외지인이 뭘 안다고 감히 향리의 역사를 함부로 쓰는 것이냐는 눈총도 받았고 야단도 맞았다. 하지만 잘난 것은 없었지만 못난 것도 없었다고 생각했다. 누군가가 필자를 진주사람이라고 불러주기를 기다렸을까. 어느덧 두 책의 집필과 발간에 이르는 오랜 여정을 거치면서 어느 순간부터 진주사람으로 불리게 된 것 같다. 특히 조세열 상임이사가 불러준 그때부터 비로소 진주사람이 되기 시작했다. 그 소리는 아직 조급함이나 어색함이 남아 있는 듯 풍요롭거나 넉넉하게 들리지 못하고 여전히 낯설기만 하다. 하지만 '진주사람'이라는 호칭의 단초를 처음 열어준 조 상임이사의 일성은 필자에게 진주사람이란 정체성을 일깨워 주기에 충분했다.

그동안 필자는 진주에 대해 몇 권의 책을 썼지만 진주를 설명하기엔 여전히 지식이 부족하고 식견과 상식도 그저 그렇고, 말주변도 없으며 글 부리는 솜씨도 없다. 반면에 누군가는 역사 이야기를 흥미진진하게 잘 말하고 재미있게 잘 쓰고 있어 부러운 마음도 든다. 이를테면 종종 볼 수 있는 역사유적답사반 안내자나 유적지의 문화해설사들이 술술 엮어대는 말재간이 그렇다.

또한 공중파 방송이나 유튜브에 나와 현란하게 역사를 이야기하는 '스타' 학원강사나 현학적으로 언변을 쏟아내는 역사교수 같은 달변가들의 시선끌기도 그러하다. 그렇지만 모두가 그렇지는 않지만 일부에서는 역사를 오락처럼 각색해 말하는 재주를 부리기도 하는데, 이에 대해서는 마냥 그들을 탁월한 역사가라고 칭찬할 수 없다. 너무 재미에만 치중해서 이야기했다가는 역사적 통념에 반하는 몰역사적인 식견으로 견강부회할 수 있고 역사왜곡이라는 예상치 못한 풍파도 만날 수 있기 때문이다. 무슨 역사를 어떻게 이야기한다고 해도 교활한 '역사상술'이나 편향된 '정치선동'이 된다면 위험하기는 마찬가지이다. '역사의 오락화'에 너무 심취하고 '역사의 각색'이 너무 지나치면 안 되는 이유가 거기에 있으며, 어떤 경우라도 역사적 사실을 왜곡해서는 안 된다는 까닭도 분명히 존재하기 때문이다. 그래서 어떤 학자는 "사실로 확인된 것과 그냥 풍문으로 떠도는 가십거리를 섞어서 말하는 것"에 대한 위험성을 경고하며 심각한 문제의식으로 늘 신중하게 역사를 말해야 한다고 강조하고 있다. 직관적 판단이나 주관적 평가로 역사를 함부로 재단하지 말아야 한다는 것이리라.

 이런 점을 염두 해볼 때 『진주이야기 100선』과 『진주 죽이기』는 얼마나 역사적 사실관계에 부합했는지, 또 얼마큼 균형 잡힌 시각을 유지했는지, 혹은 어느 정도 진실에 접근했는지 스스로 묻지 않을 수 없다. 물론 필자의 책은 역사학자나 전문연구자가 하나하나 뜯어보면 많이 부족하다는 지적과 질책을 피할 수 없겠지만 앞에서 말한 것처럼 재미를 위해 의도적으로 역사적 사실관계를 왜곡하려 들거나 일종의 가짜뉴스인 '마타도어'를 조장한 것은 없다. 마타도어는 한자의 신조어 '마타도어(馬打到語)'처럼 보이지만 사실은 스페인어 '마따도르(Matador)'의 영어발음이다. 이런 마타도어는 아니지만 아쉬웠던 점은 필자의 능력부족으로 보다 알차게 설명하기 위해 사실관계를 제대로 확인하거나 실증적 자료로 찾아내 좀 더 설득력 있게 이야기를 전개하지 못한 부분도 있다는 것이다. 사실 현장감이 떨어지면 오류에서 벗어나기 힘든 면이 있음을 인정한다. 그래서 지나친 비약으로 감정의 과잉을 초래하는 것을 막기 위해 역사적 상상력을 억누르고 자기검열이나 자기비판을 하기도 한다. 하지만 지나친 자기검열은 상상력의 부재와 해석의 빈곤을 초래하고 어떤 생각도 하기 어렵게 만든다. 그래서 매사에 이렇게 엄정함과 냉정함을 유지하기란 더 어렵다. 그러고 보니 "중이 제 머리 못 깎는다"는 말이 왜 나왔는지도 알 것 같다.

결국 이런저런 사정을 생각하다가 여러 가지 궁리 끝에 방법을 찾아냈다. 자신의 글과 직접 연결된 이해당사자인 저자의 입이 아닌 제3자의 눈이 필요하다는 아이디어였다. 필자는 두 책에 대한 평가를 스스로 하기보다 외부의 시선으로 바라보는 방식으로 이 책을 구성하고자 하는 방법을 택했다. 자신을 합리화하는 낯 간지러운 방식이 아닌 객관화를 통해 이야기가 전개되도록 했다. 따라서 이 책에는 여러 가지 책소개와 서평 등이 실려 있다.

책소개와 서평이 다른 점은 전자가 내용을 요약해 설명한 것이라면 후자는 책에 대해 평가하고 의견을 제시하고 있다는 점이다. 서평은 주로《민족사랑》과《곰단지야》등 월간지에 게재된 것들이고 독후감 등 기타 글은 정기간행물이나 방송 및 페이스북과 블로그 등에서 나온 것들로, 상당히 종류가 다양하다. 이를 통해 보면, 많은 사람들이 필자가 진주이야기를 찾기 위해 진주 역사와 문화를 끈질기게 추적하고 글을 써왔다는 점을 높이 평가하고 있는 듯하다. 그래서 대부분의 글은 호평이 많았지만 간혹 따가운 혹평도 있었다. (물론 혹평도 이 책에 실었으며, 독설이라고 해도 마찬가지였을 것이다.) 그렇게 3개 단락으로 구성했다. 다시 말해 이 책은 총 3부로 이루어져 있는데, 제1부는 다시 돌아온 『진주이야기 100선』에 대한 글을 실었고, 제2부는 '진주 살리기'를 위해 쓴 『진주 죽이기』에 대한 글을 실었으며, 제3부는 두 책을 직격한 쓴소리와 후일담 등을 실었다. 물론 제3부에서는 필자의 해명과 의견도 함께 덧붙였다.

이렇게 구성한 것은 매의 눈처럼 차가운 눈빛보다 따뜻함이 담긴 사랑의 시선을 원해서 그랬는지도 모른다. 그러나 강도 높은 공격성 비난이나 무조건 좋게만 말하는 주례사 같은 비평도 가리지 않았다. 혹은 쓰든 달든 간에 그 어떤 것이어도 크게 상관하지 않았다. 일단 어떤 내용이라도 달게 평가를 받아보고 싶은 마음에서 시작한 일이다. 가끔 공격의 정도가 지나쳐 아프게 느껴진 것도 없지 않았지만 무엇이나 그렇듯이 비판이 오갈 때 발전이 이루어지지 않는가? 그래서 쓴소리라도 애정이 없으면 할 수 없다고 보기 때문에 이마저 소중하고 유익하다고 생각했다. 이를테면 제3부에 실은 블로거 'Dog君'의 티스토리에 올려진 서평은 『진주이야기 100선』에 대한 직설적 공격의 신랄함을 그대로 보여주었다. 하지만 작가는 책으로 말한다는 생각이 들어 그 글에 대해 굳이 변명하려 들거나 답글을 달려고 하지 않았다. 독자 여러분의 판단에 맡기고자 하는 생각이 들었기 때문이다. 그러나 그 글이 온라인상에 퍼지면서 이를 문제삼는 분들도 있어 이번 기회에 해명하고자 필자의 생각을 정리하게 되었다. 또한 애독자라고 밝힌 '해밀리'님이 『진주 죽이기』를 읽고 친일문제를 지적하며 보내준 글에 대해서도 필자가 저자로서 자신의 입장을 밝히지 않을 수 없었다. 그래서 비판은 해명과 상호보완적이라는 측면에서 그간의 생각을 정리해 답글로 썼다. 이밖에도 기생에 대한 논란(김주완-김경현 카톡)도 있어 마찬가지로 생각을 정리하려고 했으나 이 부분에 대해서는 『진주 죽이기』에서 충분히 설명했으므로 이 책에 따로 해명하는 글을 싣지는 않았다.

어찌 되었든 단소리든 쓴소리든 헛소리든 모두가 관심이 없으면 쉽게 말하기 힘든 소리이다. 일일이 변명하거나 항변하지 않는다고 하더라도 직격하는 소리는 성찰하라는 뜻으로, 격려하는 소리는 분발하라는 뜻으로, 칭찬하는 소리는 겸손하라는 뜻으로 겸허하게 받아들이고자 한다. 이제 느슨해진 신발끈을 다시 묶으며 진주를 살리는 염원과 설렘으로 이 서평모음집을 조심스럽게 내어놓는다. 이 책은 필자의 자전적 경험과 생각을 비춰주는 거울인 동시에 『진주이야기 100선』과 『진주 죽이기』를 쓴 저자에 대한 일종의 오마주이며, 진주를 향한 열렬한 사랑이자 지지이다. 많은 이들이 두 책에 대해 관심과 애정을 갖고 뜨거운 성원을 보내주었다. 편저자로서 필자는 이를 잊지 않기 위해 이 마음을 한데 모아 이렇게 한 권의 책으로 묶어보았다. 이 책은 그동안 '진주사람 되기'에 골몰했던 한 이방인이 여러 사람들로부터 분에 넘치게 사랑을 받았다는 표식이기도 하고, 한편으로는 이를 드러내는 증거이기도 하다. 낯설은 한 사람을 진주사람으로 만들고 불러준 이야기는 또 하나의 전설이 되어 그를 기억하는 서사가 될 것이며, 나아가 유용한 스토리텔링이 되어 전해질 것이다. 여러분의 애정과 충고는 늘 고마움으로 남을 것이고, 필자는 진주사람으로서 그 고마움을 마음에 새기고 그것을 자양분으로 삼아 살아가려고 한다.

지난 글을 들추어보면 자신도 모르게 들뜨거나 혹은 부끄러움으로 얼굴이 화끈거리지 않을 수 없다. 하지만 시간이 가기만을 기다리지 않고 결국 이렇게 책을 만들기 위해 골몰한 끝에 마침내 『나, 진주사람 김경현이오!』를 상재하게 되었다. 이 책은 그동안 써왔던 글과 앞으로 쓸 글을 다시 한번 점검하고 자신의 글쓰기를 객관적으로 바라보는 계기가 되었다. 이제 흥분한 마음을 잠시 진정시키고 초발심으로 돌아가 머리를 깎는 심정으로 다시 출발하려고 한다. 언제나 그렇듯이 출발선에 서면 항상 긴장되지만, 호기심과 설렘으로 가득 찬 미래를 바라보며 일어설 때면 늘 새로운 힘이 솟는다. 그리고 가볍게 발걸음을 내디디며 편안한 마음으로 나아갈 것이다. 필자에게 생명을 불어넣어 준 따뜻한 대지의 숨결을 소중히 여기고, 깊은 호흡으로 숨을 고르며 천천히 앞으로 나아간다. 조심스럽지만 확신에 찬 걸음으로 수줍은 미소를 만면에 가득히 채우며 사뿐히 걷는다. 살아있는 동안 내 발로 이동할 수 있고, 내 눈으로 볼 수 있으며 내 손으로 내 생각을 쓸 수 있기에 이토록 삶이 아름답고 찬란하며 행복한 것은 아닐까.

진주 나불천 둑길을 걸으며
김경현 손모음

차례

프롤로그 : 중이 제 머리 못 깎는다 ··· 5

제1부 다시 돌아온 『진주이야기 100선』

기록되지 않는다면 잊히는 역사
이문희(도서출판 곰단지 대표) ··· 22

잊힐 사연들, 진주이야기가 다시 살아난다
이우기(경상국립대 홍보실장) ··· 26

"진주좌 아시나요? 숨겨진 '진주' 전해요"
정성희(《투데이서경》 기자) / 김경현(저자) ··· 32

진주의 두 인물, 파성과 은초의 민낯
김주완(작가, 전 기자) ··· 42

신선한 지역사 읽기의 체험을 가져다줄 것
박광종(《민족사랑》 주간) ··· 45

'책 읽어주는 라디오', 『김경현의 진주이야기 100선』
임소정(《KBS진주》 아나운서) / 김경현(저자) ··· 50

『김경현의 진주이야기 100선』과 『진주 죽이기』를 말하다
나, 진주사람 김경현이오!

김경현의 '백촌 강상호' 묘비 건립 이야기
성순옥(《재능교육》 교사) ················· 59

"에나, 진주를 알아볼까요?"
성수연(《곰단지야》 편집장) / 김경현(저자) ················· 62

김경현 작가의 강연 및 신간 소식을 전하다
임소정(《KBS진주》 아나운서) / 도민준(청년문화기획자) ········· 73

『김경현의 진주이야기 100선』 작가 강연 후기
해바락이(블로거) ················· 80

제2부 '진주 살리기' 위한 『진주 죽이기』

"나, 진주사람 김경현이오!"
조세열(민족문제연구소 상임이사) ················· 84

그는 탁월한 이야기꾼이며 문장가였다
김주완(작가, 전 기자) ······················· 87

진주만의 고유한 정신을 찾는 과정
도서출판 곰단지(출판사) ····················· 90

죽어야만 살아나는 '진짜 진주이야기'
서성룡(《단디뉴스》 편집장) ··················· 93

'진주정신'을 되살리다
도서출판 곰단지(출판사) ····················· 99

『진주 죽이기』는 꽤 논쟁적인 이야기
김주완(작가, 전 기자) ······················ 103

'전라도 사투리 쓰는 진주사람' 김경현
최재성(역사학자) ·························· 106

『진주 죽이기』라 했지만 오히려 더 살려냈다
윤성효(《오마이뉴스》 기자) ··················· 109

『진주 죽이기』 북토크에서 언급된 『진주이야기 100선』
김경현(저자) ·· 115

"진주의 숨은 이야기 계속 캐낼 터"
박보현(《단디뉴스》 기자) ·· 118

〈당신의 저녁〉 방송에서 『진주 죽이기』를 말하다
남두용(《MBC경남》 아나운서) / 이문희(곰단지 대표) ··············· 121

'책 읽어주는 라디오', 『진주 죽이기』
이서윤(《KBS진주》 방송작가) / 김경현(저자) ····························· 128

진주의 역사와 문화 그리고 논개 살리기
박광종(《민족사랑》 주간) ·· 137

역사의 실로 꿰어낸 진주 문화 비평
장원석(근현대사기념관 학예실장) ·· 141

광장에서 만나는 '진주정신'
김승은(식민지역사박물관 학예실장) ··· 145

제3부 두 책에 관한 쓴소리와 뒷이야기

『진주이야기 100선』에 대한 직격
Dog君(블로거) ··· 150

『진주이야기 100선』의 비판에 대한 해명
김경현(저자) ·· 154

『진주 죽이기』의 친일문제를 지적하다
해밀리(애독자) ··· 167

『진주 죽이기』의 친일논란에 대해 답하다
김경현(저자) ·· 170

『진주 죽이기』에 담긴 기생에 대한 논란
김주완-김경현(카톡) ··· 190

이렇게 자세히 쓴 지역사는 드물다
김용재(행정안전부 사무관) ································ 194

『진주 죽이기』의 역설, 진주의 문화와 역사 살리기
이용창(민족문제연구소 연구위원) ······················ 200

진주정신의 역사사회학 : 두 책의 발간에 부쳐
김명희(경상국립대 교수) ··· 206

더 많은 김경현들에게 권하고 싶은 책
정대훈(국사편찬위원회 편사연구관) ································ 212

새롭게 만난 논개와 형평운동
주중식(농부, 전 교장) ·· 218

김경현의 '진주사람 되기'
김경현(저자) ·· 232

에필로그 : 중이 제 머리도 깎는다 ································ 257

제1부

다시 돌아온 『진주이야기 100선』

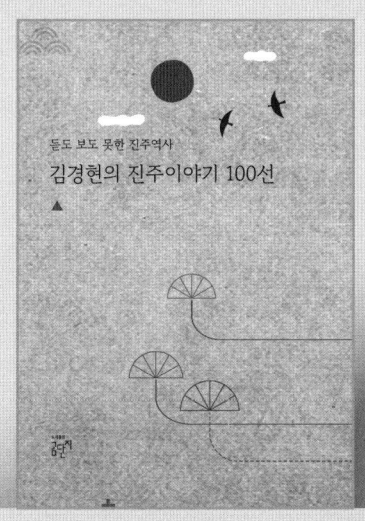

기록되지 않는다면 잊히는 역사

이문희(도서출판 곰단지 대표)
북리뷰 2024년 1월 15일

기록되지 않았다면 잊히는 역사, 숨은 그림 찾듯 찾아낸 100가지 이야기를 만나다

지역사 발굴의 획기적인 시도, 25년 만에 부활한 '진주이야기 100선'

가장 로컬적인 것이 가장 글로벌하다, 진주에서 찾아낸 100가지 콘텐츠

25년 전, 숨은 그림 찾듯 구석구석 찾아다니며 지역의 이야기를 한데 모아 엮어낸 책이 있었다. 옛 《진주신문》 기자였던 김경현 작가가 쓴 '김경현의 진주역사 이야기 100선'(『진주이야기 100선』을 말함)이 그 책이다. 100가지 진주이야기는 이 사람 저 사람에게 전해졌지만, 다시 어느 구석으로 숨어드는 듯했다. 그

이문희는 충남대 영문학과를 나온 후 여러 대학에서 행정학 및 문예창작 등 다양한 분야를 섭렵했다. '작은도서관 운동'을 주도했고, 월간 《곰단지야》 편집장을 거쳐 발행인과 도서출판 곰단지 대표를 지냈다. 출판인인 동시에 시인이고 동화작가이며, 주요 저작으로 시집 『거꾸로 걷는 하루』와 환경을 생각하는 동화 『벼방귀 피시식』이 있다.

렇게 잊히는 줄 알았다. 심지어 글 쓰고 책을 묶어낸 이조차도 그리 생각하고 있었다고 한다. 그러나 숨은 그림 찾듯, 빠진 퍼즐을 찾아 맞추듯 진주이야기를 찾는 이들이 있었고, 이렇게 하여 다시 세상에 빛을 보게 된 진주이야기는 뜯어보면 볼수록 흥미롭다. 저자는 이렇게 말한다.

"25년 만에 초간본을 개정·보완해 증보판을 내놓습니다. 1998년 세상에 나온 『진주(晋州)이야기 100선(選)』은 부족함이 많은 책이었지만 필자의 첫 저작이었기 때문에 애착이 많이 갑니다. 비록 이 책은 오랜 시간 동안 진주사람들의 사랑을 받았지만 이미 절판된 지 오래되었습니다. 그래서 이 책을 찾는 사람들의 수요를 충족시키지 못하고 있었는데, 그러던 차에 2023년 10월, 때마침 진주문고 여태훈 대표의 권유를 계기로 복간본 출간의 마음을 굳혀 옛 원고의 파일을 찾아내 고치고 보완하여 이렇게 증보판을 내놓게 되었습니다. 초판 당시 진주토박이들도 처음 들어보는 이야기라고 호기심을 자아냈던 모습을 기억하면서 '듣도 보도 못한 진주역사'란 부제를 달았습니다."

"어떤 기억이라도 기록으로 남기지 않는다면 결국 잊히거나 왜곡되기 마련입니다. 증보판을 만들면서 그때 기록하지 않았다면 지금은 도저히 알 수 없는 이야기들도 있었다는 사실이 그것을 잘 말해줍니다. 세월이 지나면 흔적은 지워지고 기억은 잊히지만 기록은 남는다는 평범한 역사적 진리가 비단 이 책의 이야기에만 해당하는 것은 아닐 것입니다."

이 책은 1억 2천만 년 전의 공룡시대 이야기부터 시작하지만, 진주이야기들을 단순하게 연대기처럼 나열하지는 않는다. 김경현 작가가 《진주신문》 기자였을 때 지역의 곳곳을 찾아다니며 취재하고 모아놓았던 글감이 요긴하게 사용되었다. 틈틈이 손질하여 거칠었던 이야기를 어루만지고 묵은 때를 닦아내며 한꼭지 한꼭지 써내려갔다. 저자는 진주의 알려지지 않는 이야기를 더 담고 싶었기에, 그래서 널리 알려진 이야기보다 직접 채록한 전설이나 버려진 유물과 유적의 속살 같은 깊은 이야기들을 많이 챙겼다.

이 책에 실린 이야기들은 진주의 옛 관공서, 학교, 병원, 교회와 봉수대나 문학사랑방 역할을 하던 은전다방, 구한말 진주 의병투쟁의 중심지 낙육재, 심지어 '진주라 천릿길'이라는 캐치프레이즈까지 온갖 것을 끌어모아 서술했던 진주 역사의 중심축에 있었던 이야기들이다. 그 속에서 많은 역사적 인물들이 스쳐 지나간다. 킹메이커 하륜 대감, 백의종군하던 이순신 장군, 진주민란의 류계춘 농민지도자, 백정의 아버지 강상호 형평운동가, 가요의 황제 남인수 가수, 한국무용사의 전설 최승희 무용수 등 불멸의 인물들이 영화의 한 장면처럼 주마등이 되어 우리 앞을 지나간다.

무심코 지나칠 수 있는 비석을 들여다본다. 알아보기 힘든 한자를 어렵게 읽어낸다고 해도 알 수 없다. 문득 궁금해지지만 그대로 잊힐 사연들, 그 사연들이 살아난다. 과장된 공치사를 늘어놓은 공덕비는 없지만 주인에게 충성을 다한 노비를 기리는 충노비, 전깃불을 밝힌 환희를 새긴 마을기념비, 예술의 혼을 교환한 예연기념비, 좌우익 갈등과 희생을 말해주는 우익인사의 반공유적비, 해방과 함께 부순 일본인 공덕비를 왜 다시 일본에 세웠는지에 관한 사연 등은 있었다.

최소한 이 책에 실린 100가지 이야기들은 이렇게 해서 다시 살아났던 것이다. 비석에 새겨진 죽은 이야기가 화석처럼 굳어져 석화가 피었지만, 이 책으로 인해 탁본처럼 유체이탈한다. 그리하여 다시 살아나 우리 눈앞에서 방금 일어난 일처럼 숱한 사연의 서사가 되어 역사의 생명을 이어갈 숨을 쉬기 시작한다.

잊힐 사연들, 진주이야기가 다시 살아난다*

이우기 (경상국립대 홍보실장)
보도자료 2024년 1월 19일

『듣도 보도 못한 진주역사, 김경현의 진주이야기 100선』
경상국립대 김경현 동문이 25년 전 진주문화원에서 펴낸 책의 개정·증보판
진주의 옛 관공서 · 학교 · 병원 · 교회 · 봉수대 · 비석 등 역사의 중심에 있던 이야기들

"궁금해지지만 그대로 잊힐 사연들,
진주이야기가 이 책에서 다시 살아난다"

경상국립대학교(GNU·총장 권순기) 김경현 동문이 25년 전 진

이우기는 경상국립대 국문학과를 나와 《경남일보》 교열부 기자를 지냈고, '우리말 살리는 운동'을 전개해 '우리말 살리는 겨레모임'의 회보를 편집하는 등 '우리말 지킴이'로 활동했다. 경상국립대 홍보실장을 지냈으며, 주요저작으로 『요즘 우리말께서는 안녕하신가요?』가 있다.

주문화원에서 펴낸 『진주이야기 100선』의 개정·증보판 『듣도 보도 못한 진주역사, 김경현의 진주이야기 100선』(곰단지, 552쪽, 25,000원)을 냈다.

1998년 김경현 동문이 쓰고 진주문화원에서 발간한 『진주(晉州)이야기 100선(選)』은 진주 사람들뿐만 아니라 다른 지역에서도 책을 구해 탐독했다는 입소문이 돌았다. 지역의 역사를 기자의 필체로 쓴 책이 드물던 시절이다. 절판된 뒤 책을 찾는 사람도 많았다. 그 유명한 책이 전설이 된 지 25년 만에 새 옷으로 갈아입고 우리 곁에 다시 돌아왔다. 단순한 영인본이나 개정판이 아니다. 초간본이 나온 후 지난 시간만큼이나 켜켜이 쌓인 사연을 정리한 개정·증보판이기 때문이다.

저자 김경현 동문은 경상국립대 사회학과를 졸업하고 같은 학과 대학원에서 석사학위 취득 후 박사과정을 수료했다. 언론 운동과 역사 운동을 했으며, 친일반민족행위진상규명위원회 조사3팀장을 거쳐 지금은 행정안전부 과거사관련업무지원단 전문위원으로 일하고 있다. 〈임종국상〉(학술부문)을 수상했다(2005년). 저서로 『진주이야기 100선』 외에도 『명석면사』, 『일제강점기 인명록 I -진주지역 관공리·유력자』, 『민중과 전쟁기억-1950년 진주』가 있고, 편찬한 책으로 『친일반민족행위진상규명보고서 보유편』 등이 있으며, 『구술사로 읽는 한국전쟁』을 여럿이 함께 냈다. 앞으로 작가로서 저술 활동을 모색하고 있는데, 옛 저작을 들여다보다가 이번에 이 책을 펴내게 되었다고 한다.

저자를 먼저 소개하는 것은, 그의 글이 사실을 끝까지 찾아내고 사실의 행간에 숨은 진실을 규명한 뒤에 내놓는 역사의 고갱이임을 말하기 위해서이다.

1990년대 옛《진주신문》기자로 일할 때 김경현 작가는 진주의 구석구석을 오토바이를 타고 누볐다. 진주 출신이 아닌 그의 눈에 비친 진주는 어떠했을까. 그는 "가장 진주사람이 아니었기에 가장 진주다운 이야기를 쓸 수 있었던 것"이라고 말한다. 그래서 기존의 관념을 벗어난 새로운 이야기가 지면에 실렸고 그 기사를 다듬어 낸 책이 『진주이야기 100선』이다. 모두가 잘 안다고 생각했던 이야기의 이면을 들추었고 확고하게 믿어온 사실에도 또 다른 진실이 있음을 알렸다. 널리 알려진 이야기보다 직접 채록한 전설이나 버려진 유물과 유적의 속살 같은 깊은 이야기들을 많이 챙겼기 때문이다. 그래서 김경현 작가의 『진주이야기 100선』이 새롭게 나온다는 소식은 많은 이들에게 희소식이다. 저자의 이야기를 들어본다.

"부족함이 많은 책이었지만 필자의 첫 저작이었기 때문에 애착이 많이 갑니다. 진주문고 여태훈 대표의 권유를 계기로 복간본 출간의 마음을 굳혀 옛 원고의 파일을 찾아내 고치고 보완하여 이렇게 증보판을 내놓게 되었습니다. 초판 당시 진주 토박이들도 처음 들어보는 이야기라고 호기심을 자아냈던 모습을 기억하면서 '듣도 보도 못한 진주역사'란 부제를 달았습니다."

"어떤 기억이라도 기록으로 남기지 않는다면 결국 잊히거나 왜곡되기 마련입니다. 증보판을 만들면서 그때 기록하지 않았다면 지금은 도저히 알 수 없는 이야기들도 있었다는 사실이 그것을 잘 말해줍니다. 세월이 지나면 흔적은 지워지고 기억은 잊히지만 기록은 남는다는 평범한 역사적 진리가 비단 이 책의 이야기에만 해당하는 것은 아닐 것입니다."

이 책에 실린 이야기들은 진주의 옛 관공서, 학교, 병원, 교회와 봉수대나 문학사랑방 역할을 하던 은전다방, 구한말 진주 의병투쟁의 중심지 낙육재, 심지어 '진주라 천릿길'이라는 캐치프레이즈까지 온갖 것을 끌어모아 서술했던 진주 역사의 중심축에 있었던 이야기들이다.

그 속에서 많은 역사적 인물들이 스쳐 지나간다. 킹메이커 하륜 대감, 백의종군하던 이순신 장군, 진주민란의 류계춘 농민지도자, 백정의 아버지 강상호 형평운동가, 가요의 황제 남인수 가수, 한국무용사의 전설 최승희 무용수 등 불멸의 인물들이 등장한다.

저자가 졸업한 경상국립대에 대해서도 빼놓지 않는다. 100선의 이야기 중에는 두 꼭지가 들어가 있다. 31번째 이야기는 경상국립대의 전신인 진주농과대학의 부속목장에 대한 것으로, 한때 대학 캠퍼스 안에 있던 동물농장에 대해 기술하고 있다. 이어 51번째 진주농대 구본관(舊本館)에 대한 이야기는 경상국립대의 요람이자 산실로 역할한 칠암캠퍼스 옛 본관의 사연을 소개하고 있다.

특히 후자는 20여 년간 대학 심장부 역할을 해온 중심적인 건물에 대한 이야기이다. 진주농대 시절인 1957년 완공되었다가 1977년 경상대 시절에 철거된 구본관을 말한다. 이 구본관은 역사의 증인이다. 구본관 앞 중앙잔디밭은 대학인의 올곧은 목소리가 분출되는 민주화운동의 광장이었고, 구본관은 이러한 역사의 현장을 모두 지켜보았다. 4·19혁명 때는 일제 군수 출신의 학장 배척 운동, 1967년에는 6·8부정선거 규탄대회와 학원 정상화 성토대회, 서슬 퍼런 유신시대에는 유신철폐시위 등을 모두 지켜본 것이다.

이 책에서는 문득 궁금해지지만 그대로 잊힐 사연들, 그 사연들이 되살아난다. 과장된 공치사를 늘어놓은 공덕비는 없지만 주인에게 충성을 다한 노비를 기리는 충노비, 전깃불을 밝힌 환희를 새긴 마을기념비, 예술의 혼을 교환한 예연기념비, 좌우익 갈등과 희생을 말해주는 우익인사의 반공유적비, 해방과 함께 부순 일본인 공덕비를 왜 다시 일본에 세웠는지에 관한 사연이 있다.

이렇게 진주사람만이 알 수 있는 이야기와 진주사람 아니라도 누구나 공감할 재미있는 이야기 100편이 실렸다. 진주를 잘 아는 사람이든, 잘 모르는 사람이든 이 책은 진주를 알아가는 쏠쏠한 재미를 제공해줄 것이다.

1월 31일 저녁 7시 30분 진주시 평거동 진주문고 2층 여서재에서 출판기념회가 열릴 예정이다.

* 이 글은 경상국립대 이우기 홍보실장이 쓴 보도자료인데, 오랫동안 '우리말 살리는 운동'을 벌여온 운동가답게 아름다운 우리말을 잘 살려쓰고 있습니다. 이를테면 이 글에 쓴 '역사의 고갱이'란 말이 있습니다. '고갱이'란 말은 풀이나 나무의 줄기 한가운데 있는 연한 심을 말하는데, 한마디로 핵심이란 뜻입니다. 고갱이는 『진주이야기 100선』에서 저자가 숨은 역사적 사실을 찾아내 진실을 규명했다는 것을 말하기 위해 이 실장이 표현한 단어입니다. 또 '쏠쏠한 재미'란 표현도 그렇습니다. 쏠쏠하다는 말은 만만하지 않을 정도로 많다는 뜻입니다. 이렇게 우리말을 잘 부려쓴 이 실장의 글은 군더더기가 없어 많은 언론매체가 보도기사에 활용했습니다. 예를 들면, 《경남도민일보》는 그의 글을 한자도 고치지 않고 그대로 사용했습니다. 2024년 1월 25일자 기사에서 「'책 읽는 시간', 더 매력적인 진주를 담다 『김경현의 진주이야기 100선』」이란 제목으로 보도했습니다. 《경남도민일보》는 '지역 사랑 받은 책, 25년 만에 돌아와'라는 중간제목으로, '발로 뛰며 기록한 옛 장소·사람·사연' 및 '고치고 더해 더욱 생생하고 흥미롭게'라는 중제를 추가하며 보도자료의 내용을 토씨 하나 빠지지 않고 전부 인용했습니다. '이우기 글'이 보여주는 우리말의 힘이 아닐 수 없다는 생각이 듭니다.

"진주좌* 아시나요? 숨겨진 '진주' 전해요"

정성희(《투데이서경》기자) / 김경현(저자)
《투데이서경》 2024년 1월 25일

『듣도 보도 못한 진주역사, 김경현의 진주이야기 100선』 김경현 작가 직접 뛰고 수집한 글감, 25년 만에 개정 증보, 새로 찾은 사료 삽입, 초간본 화보 보완
"내재한 진주정신을 실천·발현하면 진주사람"

[전략] 25년이 지난 2024년, 지난 시간만큼 쌓인 사연을 정리한 개정·증보판이 세상에 나왔다. 『듣도 보도 못한 진주역사, 김경현의 진주이야기 100선』을 낸 김경현 작가의 이야기를 들어봤다. [이하 질문 및 답변(Q&A)]

『듣도 보도 못한 진주역사, 김경현의 진주이야기 100선』 출간을 축하드립니다. 작가님 소개와 책소개를 간단하게 부탁드립니다.

정성희는 경상국립대 철학과를 나와 《투데이서경》 기자를 지냈다. 김경현 작가와 서면 인터뷰를 진행했다.

먼저 졸저를 축하해주셔서 감사합니다. 저는 1980년대 중반 경상국립대 사회학과 진학을 계기로 진주에서 살게 되었습니다. 이후 1990년대 초 옛《진주신문》에 들어가 지역사회를 취재하면서 유구한 진주역사 문화에 관해 관심을 두고 본격적으로 살펴보기 시작했습니다. 그러다가 2000년대 초반 역사 정의를 바로 세우기 위해 진주를 떠나 서울에서 친일인명사전편찬위원회와 친일반민족행위진상규명위원회에서 활동하며 친일 청산에 매진했습니다. 지금은 세종에서 친일문제와 일제의 강제동원, 한국전쟁기 민간인학살, 민주화운동 등 과거사 문제를 해결하기 위한 일을 하고 있습니다.

이번에 출간한『김경현의 진주이야기 100선』은 과거 진주에 있을 때 진주 역사와 문화의 이면에 담긴 사연을 찾아 100가지 이야기로 간추려 모은 책의 기존 내용을 대폭 개정해 증보한 책입니다. 이야기는 당시 수집하고 취재했던 글감 중 제일 이야기가 될 만한 것을 차례대로 뽑아 쓴 것입니다. 그래서 100가지 이야기 중 어느 것도 버릴 수 없고, 경중을 비교할 수도 없습니다. 어느 것이 더 좋다고 가릴 것 없이 모두가 똑같은 가치와 비중을 갖고 있는 셈이지요.

1998년 첫 저작인『진주이야기 100선』을 출판하게 된 특별한 계기가 있나요?

1997년 12월 미증유의 경제적 환란이었던 이른바 'IMF 사태'가 일어났고 재직하고 있던《진주신문》도 경영난으로 인해 운영이 어려워졌습니다. 그때 저는 다른 기자들이 정론직필을 다할 수 있도록 힘을 모아주고자 1998년 뜻있는 기자들과 자발적으로 신문사를 나왔습니다.

이렇게 신문사를 나왔지만, 다른 언론사도 어려운 상황이라 이직할 곳이 없었습니다. 일단 그동안 바빠서 쓰지 못했던 글을 차분하게 쓰기로 마음먹었습니다. 《진주신문》에 연재했던 글을 저본으로 삼아 내용을 보충하고 다듬어 100가지 이야기를 완성했지요. 그때 마침 진주문화원장이었던 황대영 원장님이 《진주신문》에 연재했던 것을 모아 책을 내자고 권유해주셨고 마침내 첫 저서인 『진주(晋州)이야기 100선(選)』이라는 책이 나왔습니다. 이를 계기로 저는 신문기자에서 역사 연구자로 거듭나며 이후 전혀 달라진 인생을 살게 됐지요.

25년 만인 2024년, 『진주이야기 100선』이 개정·증보판으로 나왔습니다. 옛 저작을 들여다보던 중 출판하게 됐다고 알고 있는데 출판하게 된 과정과 이전과 달라진 점이 궁금합니다.

사실 이 책이 다시 나오리라고는 꿈에도 생각지 못한 일이었어요. 지난해 가을 진주문고에 들렸는데, 여태훈 대표가 "『진주이야기 100선』을 구해달라는 분이 있어 여유분이 없다고 전하자 그분이 원본을 빌려 복사·제본해 가지게 됐다"고 말했습니다. 그러면서 앞으로도 이 책을 구하는 사람이 나타날 수 있으니 책을 다시 만들거나 새로 펴내는 게 어떻겠냐고 권유했습니다.

저도 책이 한 권밖에 없어 복사·제본할 때마다 원본이 손상되는 것을 보고 안타까워했던 상황이었고 잘 됐다 싶어 덜컥 동의했습니다. 25년 만에 옛 파일에서 원고를 찾아내 찬찬히 들여다보는 시간을 갖게 됐습니다. 하지만 그냥 내기에는 내용상 변한 것과 손 볼 것이 너무 많았습니다. 최소한만 손대려고 했지만 뜻대로 되지 않았고, 나아가 교정·교열 과정에서도 손길이 많이 간 작업이 됐지요. 이렇게 개정·증보판이 나오게 되었습니다. 증보판의 달라진 점은 크게 두 가지로 설명할 수 있습니다.

가장 크게 달라진 점은 25년 전 발간된 이후 현재까지의 내용을 압축적으로 가미하거나 언급한 점입니다. 특히 과거에 발견하지 못해 넣지 못한 사료를 추가로 삽입했다는 점에서 매우 의미 있었습니다. 예컨대 진주 조면공장의 열악한 노동환경에서 시달리는 여공들의 처지를 진주의 시인 손길상이 읊은 적이 있었는데, 그 시를 조선총독부 경무국에서 압수한 신문 기사 목록에서 우연히 확인하고 전문을 증보판에 넣을 수 있었습니다.

둘째로 추가 사진을 통해 초간본의 화보를 보완할 수 있었습니다. 이를테면 '배다리', '남강다리', '너우니', '죽본조', '진주면사무소', '진주좌'에 추가된 사진은 예전보다 더 충실하고 생생하게 내용을 전달합니다. '진주면사무소'를 예로 들면 이전 책에 실린 초가지붕의 면사무소와 증보판에 추가돼 실린 기와지붕의 면사무소 모습을 차례로 실어놓음으로써 면청사의 변모를 상징적으로 보여줄 수 있었습니다. 특히 형평운동 100주년 기념특별전으로 지난해 경상국립대박물관에서 전시한 진주좌 복원도를 추가했는데, 형평사 창립축하식이 열렸을 때 진주좌 모습을 복원한 도판이어서 매우 좋은 시각적 자료가 됐지요.

오랜 시간 '진주'에 관심을 가진 이유가 있나요?

진주사람이 아니었기에 진주사람이 되고자 공부한 것에서 그 이유가 있다고 생각합니다. 25년 전만 해도 당시 진주를 제대로 이해하거나 알아낼 수 있을 만한 마땅한 텍스트나 대중서가 없었습니다. 설령 있었다고 하더라도 진주성이나 논개 이야기 등 너무나 유명한 이야기밖에 없었지요. 저는 진주를 거의 몰랐던 백지상태였기 때문에 공부하는 속속 떠오르는 '진주의 상(像)'을 마음껏 자신만의 그림으로 그리고 담을 수 있었지요. 그래서 신문기자라는 이점을 충분히 활용해 자료를 모으고 취재를 하게 되었습니다. 이렇게 해서 맨 처음 탄생하게 된 책이 바로 『진주이야기 100선』이었던 것이지요.

이후 진주에 대한 관심은 더 확대되고 계속됐습니다. 단순히 지역사에 머무르지 않고 한국 역사를 공부하면 할수록 근현대사에 대해 더욱 집중하게 됐지만, 진주라는 시간과 공간적인 범위를 결코 벗어난 일은 없었습니다. 먼저 면단위 역사책을 편찬하면서 친일 문제와 민간인학살 문제를 처음으로 제기하고 서술했는데, 그 대상지는 바로 진주시 명석면이었지요. 전국에서 최초로 면사(面史)가 탄생하는 순간이었습니다. 이어 한국 근현대사의 가장 민감하고 아픈 문제였던 친일 문제에 천착하면서 진주지역을 대상으로 삼아 3천4백여 명에 달하는 방대한 인물들을 수록한 일제강점기 인명록을 작성해 『일제강점기 인명록Ⅰ-진주지역 관공리·유력자』란 인명록을 출간하게 됐지요. 이 책은 『친일인명사전』 편찬의 사초가 됩니다.

그리고 해방 후 한국전쟁기에 대한 지역 사례연구로서 진주지역을 대상으로 당시 전쟁 상황을 밀도 있게 재구성해 『민중과 전쟁기억-1950년 진주』란 제하의 학술서를 발간했습니다. 베일에 가려졌던 한국전쟁기의 진주 함락과 수복 기간에 일어났던 비인간적인 삶과 민중의 생존 모습을 적나라하게 규명했지요. 이처럼 진주 역사에 대한 관심은 진주를 알아가는 구도자의 자세와 같이 진지한 태도로 일관했습니다. 진주를 몰라서 단순하게 시작한 공부가 갯벌에서 찾아낸 조개에서 진주를 캐내는 작업처럼 희열과 전율을 느끼는 작업으로 변화한 것이지요. 이렇게 오랜 시간 동안 진주에 관심을 두게 만든 것은 바로 『진주이야기 100선』이 그 작업의 시작이었다고 할 수 있습니다.

초판 당시 진주 토박이들도 처음 들어보는 이야기라고 호기심을 자아냈던 모습을 기억하며 이번 책의 제목에 '듣도 보도 못한'을 붙였다고 알고 있습니다. 개정·증보판에 새로 담긴 이야기 중 진주 토박이도 모를 만한 이야기가 있다면 소개해 주세요.

진주이야기 100가지 모두 비밀스러운 이야기라고 할 수는 없겠지만, 책을 내놓고 나니 많은 진주사람이 처음 들어보는 이야기라고 말했지요. 만약 진주 토박이들도 모를만한 이야기가 초간본이나 증보판에 있었다면 바로 이런 이야기가 아닐지 생각합니다.

지금은 진주대첩의 영웅 김시민 장군의 위패가 창렬사에 모셔졌으나 원래 대원군의 서원철폐 이전까지만 해도 진주성 충민사 안에 그의 위패가 모셔져 있었다는 사실을 아는 이는 드뭅니다. 진주시 충혼탑도 그렇습니다. 현재 진양호에 세워져 있지만 원래 진주성 안에 있었는데, 1978년 상평동 송림공원으로 이전될 때 폐기됐지요. 그 후 폐기된 그 탑신이 어떻게 됐는지 아는 사람은 아무도 없습니다. 사실 그 탑신은 부서지지 않고 가좌동 석류공원의 한쪽에 아무런 표식도 없이 외롭게 홀로 서있습니다.

또 해방과 함께 일제 잔재로 지목되어 박살 나면서 없어졌던 일본인 공덕비를 굳이 진주 유지들이 다시 만들어 배에 싣고 현해탄을 건너가서 그 일본인의 고향에다 정성껏 세웠다는 어처구니없는 사실도 그렇습니다. 이름하여 '금촌선생 송덕비'에 대한 이야기도 그 내막을 제대로 아는 사람이 없습니다. 이밖에 진주 보안대에 끌려가 고문당하거나 그곳에서 근무한 보안대원이 아니라면 보안대 건물의 구조를 아는 사람은 없습니다. 이렇듯 많은 이야기가 생소하면서도 잘 알지 못한다는 측면에서 '듣도 보도 못한'이란 부제를 증보판에 붙이게 된 것이지요.

이번 저서에서 미처 다루지 못했던 부분, 아쉬운 점이 있다면 말씀해 주세요.

미처 다루지 못했던 부분은 생각하면 할수록 많습니다. 진주의 제1호 광장에 있는 진주역사를 비롯해 지금은 강제 폐업되어 사라져 버린 진주 도립병원, 한국전쟁의 상흔이 서린 민간인 학살지 등 역사적 장소와 교육도시의 위상을 드높인 진주고등보통학교, 진주농업학교, 경남사범학교 등도 그렇습니다. 이렇게 100가지 이야기에 포함되지 못하고 글감이나 자료로만 남게 된 이야기들도 무수히 많기 때문이죠.『진주이야기 100선』은 글자 그대로 100가지만 간추려 뽑아낸 이야기이므로 기존의 100선 이외에 쓰지 못한 것이 더 많다고 봐야겠지요. 다만 그 재료들을 하나도 버리지 않고 제 오래된 책상의 서랍 안에 고이 간직하고 있으므로 언젠가 그 서랍을 열고 자료를 꺼내『신(新) 진주이야기 100선』을 쓰게 될지도 모르겠습니다.

  단지 아쉬운 점이 남아있다면 이 책의 초간본을 낸 후 오랫동안 진주를 떠나있어서인지 아니면 현장감이 없어서인지, 이번 개정·증보판에 변화된 부분을 세심하게 챙기지 못해 이를 모두 반영하지 못했다는 점입니다. 예컨대 진주사직단 같은 경우를 들 수 있겠지요. 몇 년 전에 진주시 상봉동에 있는 종중임야에서 진주사직단 터가 발견되어 2018년 경남기념물 제291호로 지정된 점을 추가하지 못했다는 점입니다. 또 사진상으로만 전해지는 무촌리 오층석탑도 끝내 그 위치를 확인하지 못한 점도 그렇습니다. 하지만 증보판의 진주이야기는 대부분 초간본보다 훨씬 더 많은 내용을 담고 있어 이번에 알차게 채운 내용은 증보판을 더욱 풍부하게 만들고 있고, 새로운 내용으로 품격있게 단장한 책은 우리를 더욱 흥미롭고 재밌는 진주이야기의 세계로 이끌고 있습니다.

향후 계획이나 목표가 있다면?

앞에서도 말씀드렸듯, 100가지 이야기에 포함되지 못한 이야기를 추가하는 『신(新) 진주이야기 100선』을 혹시 쓰게 될 날이 오지 않을지 꿈꿔 봅니다. 물론 『신(新) 진주이야기 100선』이 아니더라도 진주의 역사와 문화를 밝히는 '역사보따리'를 한 번쯤 풀어보고 책을 써보는 것도 희망 사항이지만 괜찮은 생각이라고 보고 있습니다. 이러한 점은 앞으로 작가로 활동하기를 바라는 제가 꿈꾸는 향후 계획이라면 계획이고 지금의 모습에서 한 단계 업그레이드하는 것으로, 미래를 바라보는 목표가 될 수 있겠지요.

진주시민들에게 하고 싶은 말이 있다면?

여러분이 언뜻 동의하기 어렵겠지만 고향을 출생지 여부로 따진다면 저는 진주사람이 아닙니다. 진주에서 태어나지 않았으니까요. 하지만 진주에서 대학과 대학원을 다니고, 결혼도 하고 이곳에서 자식을 키우며 일가를 이루면서 비로소 진주사람이 되었다고 생각했습니다. 그렇지만 그게 다는 아니었어요. 처음에는 진주에 대해 아는 것이 하나도 없다 보니 아무리 진주에서 평생을 살아도 진주사람이 되기는 틀렸다고 생각했습니다.

결국 진주사람이란 진주의 유구한 역사와 문화를 체득한 정체성을 가진 사람에게 부여된 일종의 사회적 의미라는 점을 깨닫고 진주역사와 문화를 찾기 시작했지요. 마찬가지로 진주에서 태어났다고 해서 다 진주사람이 되는 것도 아니라고 봅니다. 진주의 정체성을 형성하는 내면의 세계, 즉 '진주정신'이 내재한 상태에서 이를 외부로 실천·발현했을 때만이 진정한 진주사람이라고 할 수 있지 않을까요?

* '진주좌(晉州座)'는 1920년대 진주에 있었던 공연장으로, '좌(座)'는 영화관이나 극장을 일컫는 일본식 명칭입니다. 진주좌는 진주극좌(晉州劇座)라고도 불렸으며, 진주우편국 동쪽에 약 2백 평 규모의 우진각식 지붕으로 건립된 목조건물이었습니다. 1922년 11월 11일부터 1936년 3월까지 존속했으며, 이곳에서 1923년 5월 13일 형평운동가 강상호의 개회 선언과 사회로 역사적인 형평사 창립축하식이 열렸고, 이후에는 춘사 나운규의 영화와 최승희의 무용공연, 진주기생들의 굶주린 동포를 구제하기 위한 연주회 등이 열렸습니다.

진주의 두 인물, 파성과 은초의 민낯

김주완(작가, 전 기자)
페이스북 2024년 1월 25일

최근 발간된 『김경현의 진주이야기 100선』 개정·증보판에는 두 인물에 대한 아주 민감한 이야기가 실려 있다. 개천예술제를 주도하고 《경남일보》 사장을 지냈던 파성 설창수와 서예가로 유명한 은초 정명수가 그들이다.*

1945년 해방과 함께 일제잔재 청산 차원에서 철거되었던 진주농업학교 일본인 교장 이마무라 다다오(금촌충부)의 송덕비를 정명수와 설창수가 1988년 일본까지 가서 다시 세웠다는 것이다. 비문은 설창수가, 비명은 정명수가 썼다.

김주완은 경상국립대 국문학과를 나와 경남대 대학원에서 기록관리학을 전공했다. 지역언론운동에 투신해 《남강신문》(옛 《진주신문》에 통합된 주간지) 기자를 시작으로 옛 《경남매일》 기자를 거쳐 도민의 신문이던 《경남도민일보》에서 기자, 시민사회부장, 편집국장, 전무이사 등을 지낸 후 작가 겸 스토리 크리에이터로 활동했다. 다수의 저서가 있지만 그중 채현국 선생과 김장하 선생을 취재하고 집필한 책이 가장 널리 알려졌다. 『풍운아 채현국』·『줬으면 그만이지』·『십대에게 들려주는 어른 김장하』는 대표적인 저작이다.

심지어 설창수는 생전 이마무라 교장이 교훈으로 썼던 '성이근(誠而勤)'['성실과 근면하라'는 뜻으로 교실마다 교장의 자필액자가 걸려 있었다.]을 "내 자식들에게 주는 가훈으로 삼는다"고 할 정도로 그를 숭모했다. 그는 또 해방 후 《경남일보》 주필로 있던 중 일제 경찰 순사부장 출신 사장의 친일경력을 논설을 통해 변호했던 사실도 김경현의 다른 책(『일제강점기 인명록』)을 통해 밝혀졌다.

은초 정명수 또한 작고할 때(2001년)까지 진주에서 어른으로 추앙받는 인물이었으나 1941년 《매일신보》에 일제의 대동아 해방 성전을 기리는 '흥아유신' 축하광고를 냈고, 일제 말기에는 전시 민간통제기구인 '경방단' 단장을 지내기도 했다.

김경현은 이번에 재출간한 책에서 이들이 일본까지 가서 세운 송덕비를 "일본언론은 크게 보도했으나 어찌 된 영문인지 국내 언론에서는 단 한 줄도 보도되지 않았"는데, 이는 "자신들의 행위가 그렇게 당당하다고 보기 어려웠는지 아니면 일말의 부끄러움이 남아있었는지 알 수 없지만, 보도자료를 만들어 언론에 돌리지 않고 쉬쉬했기 때문으로 보인다"고 밝혔다.

이번 책 출간을 계기로 정명수, 설창수 두 사람의 친일의혹에 대한 논의가 이어지길 바란다. 특히 일제 말기 전시 상태에서 경방단장을 했던 이력이라면 친일혐의가 아주 짙다.

* 설창수와 정명수가 일본인 교장을 자신들의 스승이라고 흠모해 한국에서 송덕비를 만들어 배에 싣고 일본까지 가져가서 세운 이야기는 『진주이야기 100선』의 8번째 이야기에 나오는데, 「금촌선생(今村先生) 송덕비(頌德碑)」 이야기에 소개되어 있습니다. 두 사람의 친일적 혐의가 언급된 부분은 『일제강점기 인명록Ⅰ-진주지역 관공리·유력자』의 해당 인물편에 수록되어 있습니다.

신선한 지역사 읽기의 체험을 가져다줄 것

박광종(《민족사랑》* 주간)
《민족사랑》 2024년 1월호

제1회 〈임종국상〉** 학술부문 수상자(2005년)인 김경현 작가가 25년 만에 『진주이야기 100선』을 새 단장하여 올 1월에 『듣도 보도 못한 진주역사, 김경현의 진주이야기 100선』을 출간했다. 이 책의 초간본 발행은 25년 전으로 거슬러 올라간다.

1990년대 옛 《진주신문》 기자를 지냈던 저자는 진주의 역사와 문화를 찾아 진주 지방 구석구석을 찾아다닌 적이 있었다. 그때 각종 근현대 신문잡지와 역사책을 샅샅이 훑어 마을의 설화와 건축물·기념물의 유래 등을 수집하였다. 그중에서 저널리스트의 안목으로 진주의 역사와 문화를 상징하는 100가지 주제를 가려 뽑아 1998년 『진주이야기 100선』을 펴냈었다.

당시 진주토박이들이 '듣도 보도 못한 이야기'를 어떻게 취재

박광종은 경희대 사학과를 거쳐 같은 대학원 사학과에서 수학했다. 범우사에서 출판일을 했으며, 민족문제연구소 연구원과 선임연구원으로 일하면서 친일청산운동에 동참했다. 이후 특임연구원으로 있으면서 월간 《민족사랑》 주간을 지냈다.

했을까 하는 의구심을 가질 정도로 생소하고 내밀한 주제를 다루어 진주 사회에서 큰 반향을 불러일으켰다고 한다. 다만 진주문화원에서 비매품으로 펴낸 탓으로 전국적으로 소개되지 못했고 얼마 지나지 않아 절판되어 잊혀지면서 이 책은 역사의 뒤안길로 사라질 뻔했는데, 이번에 기적적으로 부활한 것이다. 이번에 출간한 책은 초간본보다 더 풍부하고 재밌는 내용으로 재구성한 개정·증보판인데, 내용이 훨씬 보완된 알찬 모습을 보여준다.

이 책에서 다루는 대상은 시대적으로 선사시대부터 근현대사까지 관통하고 정치·사회·교육·문화·예술·역사 등 거의 모든 분야를 망라하고 있다. 특히 일제강점기와 관련한 기록들이 많이 실려 있다. 저자의 이력을 보면, 그가 이 책에서 일제강점기에 대해 관심을 기울이고 천착한 이유를 알 수 있다. 저자는 2000년대 중반 역사정의를 바로 세우기 위해 진주를 떠나 서울에 왔는데, 친일인명사전편찬위원회와 친일반민족행위진상규명위원회에서 활동하며 친일청산에 매진하였다. 지금도 세종에서 친일문제와 일제의 강제동원, 한국전쟁기 민간인학살, 민주화운동 등 과거사문제를 해결하기 위해 노력하고 있다. 그런 점을 볼 때 저자가 책의 대부분을 채운 근현대사, 특히 일제강점기 이야기는 그냥 나온 것이 아니라는 점을 알 수 있다.

그래서 저자가 쓴 100가지 이야기에 등장하는 많은 일제강점기의 이야기는 더욱더 흥미롭다. 진주조면공장에서 나이 어린 조선인 여공들이 열악한 노동환경에 시달린 이유라든지, 일제에 전투기를 헌납한 요시노국민학교로 불렸던 '길야초등학교'를 비롯해 진주의 대표적인 황국신민화 교육장이었던 '진주신사', 일제시대 최고급 문방구점으로 1941년 길야국민학교에 총독상을 안겨줬던 '청수문방구점'의 뛰어난 상술, 식민지경영자금의 출처 역할을 한 진주의 관치금융기관이었던 진주식산은행과 LG그룹 창업주 구인회의 일화, 악명높은 일제의 식량수탈기관인 진주식량검사출장소, 일제 말 황국신민을 집단 양성하던 세뇌교육장인 명석특별연성소 등이 바로 그것이다.

또한 해방 후 좌우익대립과 갈등이 격화되면서 좌익수용소로 변한 진주형무소, 한국전쟁 때 북한군에 의해 점령된 진주시내에서 벌어진 인민재판의 모습, 1950년대 중학교 입시 열풍을 다룬 정촌교 특활대(井村校 特活隊), 해마다 전국 문인들의 시화전이 열린 문학사랑방 은전다방(銀殿茶房), 1960년대 진주시영 영화관으로 학생들의 단체관람이 빈번했던 시공관(市公館), 1970년에 설치되어 정권유지를 위한 공작기관으로 진주의 민주인사를 사찰한 진주보안대, 1971년 옥봉동에 건립된 진주 최초의 아파트인 남강아파트, 1973년 내동면 대동마을에 전깃불이 들어와 이를 기념해 주민들이 세운 전기가설기념비 등을 수록하여 당시 시대상을 반추할 수 있게 한다.

이 밖에도 '킹메이커'라고 불린 조선개국공신 하륜의 이야기, 임진왜란과 관련된 진주성 싸움의 흔적, 이순신 장군이 통제사로 재임명된 곳인 손경례 고택, 조선시대 최초의 민란이던 진주농민항쟁, 이어진 동학농민운동과 의병운동, 3·1운동, 형평운동 사적지 등도 다루고 있어 이를 통해 폭정과 외적, 일제에 항거한 진주 민초들의 의기(義氣)를 오롯이 성찰할 수 있다.

진주는 흔히 예향(禮鄕)의 도시, 공자와 맹자의 고향을 뜻하는 추로지향(鄒魯之鄕)의 고장일 정도로 교육도시라 한다. 비록 '천릿길의 진주'로 알려진 머나먼 고장이지만 남부 지방의 중심지로서 천년이 넘는 역사를 간직한 유서 깊은 도시이기도 하다. 저자는 초간본 서문에서 "진주의 역사와 문화를 찾는 과정은 사라져간 진주민중의 힘을 재확인하는 과정일 것이고, 중앙사에 매몰된 지방사를 복원하는 작업"이라고 강조하였다. 자칫 사라져갈 뻔한 진주의 역사, 진주 민초들의 애환을 속속들이 복원했다는 점에서 그 역사적 의미가 더욱 크다 할 수 있다.

저자의 기자정신과 수집벽, 집요한 근성, 깊이 있는 통찰이 집약되어 저술된 초간본이 25년만에 새롭게 개정·증보된 것은 다행스런 일이면서도 일견 당연해 보인다. 초간본 출간 이후에도 끈을 놓지 않고 진주이야기를 오랫동안 추적한 저자의 집념이 돋보일 수밖에 없다. 특히 이 책에 소개된 100가지 이야기는 누구든지 자신이 살고 있는 지역의 이야기로도 볼 수 있다. 그래서 지역의 역사와 문화를 발굴·정리하고 기록하는 데 이 책은 좋은 선행자료와 참고자료가 된다.

오랜 세월이 지난 후에도 잊히지 않고 이렇게 새롭게 탄생한

『듣도 보도 못한 진주역사, 김경현의 진주이야기 100선』은 독자들에게 더할 나위 없이 신선한 지역사 읽기의 체험을 가져다줄 것이다.

* 《민족사랑》은 민족문제연구소가 월간으로 발행하는 연구소 소식지로, 친일청산과 역사전쟁 등에 관한 시민운동의 움직임을 잘 정리해 전달하고 있습니다. 《민족사랑》을 펴내고 있는 민족문제연구소는 1949년 친일파에 의해 와해된 반민특위의 정신을 잇고, 친일문제 연구에 평생을 바친 임종국 선생의 유지를 받들고자 1991년 서울에서 설립되었습니다. 한국 근현대사의 쟁점과 과제를 연구·해명하는 한편, 과거사 청산운동을 통해 역사정의 및 사회정의 실현에 노력하고 있는 학술·시민운동단체입니다.
** 〈임종국상〉은 『친일문학론』을 저술하는 등 금단의 역사를 파헤치며 일생을 바친 친일파연구의 선구자이던 임종국(林鍾國, 1929~1989) 선생을 기려 임종국선생기념사업회가 제정한 상입니다. 이 상은 민족문제연구소가 주관하고 있으며, 해마다 학술연구자와 시민운동가를 발굴해 시상하고 있습니다.

'책 읽어주는 라디오',
『김경현의 진주이야기 100선』*

임소정(《KBS진주》 아나운서) / **김경현**(저자)
《KBS진주》 2024년 1월 30일

[전략] 그동안에 어떤 과정을 통해 지금의 시대가 형성되었는지를 살펴보면서 우리는 반성과 개선을 할 수 있고요. 우리가 살고 있는 앞으로의 미래도 전망해 볼 수 있겠죠. 역사에 관심을 가져야 하는 이유는 바로 여기에 있습니다. 우리가 역사의 한 부분인 현재를 살아가고 있고 과거를 공부하고 앎으로써 현재를 지혜롭게 살뿐만 아니라 미래를 가늠할 수 있기 때문인데요, 우리나라는 정말 오래된 역사를 가지고 있는 나라잖아요. 그리고 나라는 각 지역이 모여 존재하는데 그러면 그 오래된 우리나라 역사 뒤에는 우리가 사는 지역의 역사도 있습니다. 그렇다면 여러분은 자신이 살고 있는 지역의 역사에 대해서 얼마큼 알고 계시나요? 지역의 역사를 알게 되면 우리 지역을 더욱 깊이 이해할 수 있으면서 지역을 사랑하는 마음도 기를 수 있고요. 우리나라의

임소정은 《진주MBC》 라디오 〈정오의 희망곡〉 DJ를 지냈으며, KBS진주방송국 리포터를 거쳐 아나운서로 활동했다. 《KBS진주》 〈정보 주는 라디오〉 진행자로 김경현 작가와 녹음인터뷰를 진행했다.

역사를 배우는 데도 도움이 될 텐데요. 오늘 함께할 책은 100가지 진주역사이야기를 담은 책입니다. 저자가 25년 전에 쓴 책을 개정·보완한 증보판인데요. 「정주라」 속 '책 읽어주는 라디오', '책주라'! 오늘은 우리가 살고 있는 지역, 진주에 우리가 듣도 보도 못한 역사이야기를 만나봅니다.

역사라고 하니까 벌써부터 머리가 지끈지끈 아프신가요? 겁먹으실 필요 전혀 없고요. 진주사람만이 알 수 있는 이야기와 또 진주사람이 아니어도 누구나 공감할 수 있는 재미있는 이야기 100편이 실려 있어서요, 진주를 잘 아는 사람이라면 더 흥미롭게 읽어보실 수 있고 진주에 대해서 잘 모르는 사람이라면 진주를 알아가는 재미가 쏠쏠하지 않을까. 아주 푹 빠져 읽게 되는 그런 책인데요. 책 제목은 『듣도 보도 못한 진주역사, 김경현의 진주이야기 100선』입니다.

지은이 김경현 저자는요, 경상국립대학교 사회학과를 졸업을 하고 언론운동과 역사운동을 했고요. 지금은 행정안전부 과거사 관련업무지원단에서 전문위원으로 일하고 있는데요. 1990년대에 옛《진주신문》기자였을 때 지역의 곳곳을 찾아다니면서 취재를 하고 모아놓았던 글감이 25년 전 처음 이 책을 썼을 때 큰 도움이 되었다고 합니다. 어떤 기억이라도 기록으로 남기지 않으면 결국 잊히거나 왜곡되기 마련이잖아요. 이번에 증보판을 만들면서 그때 기록하지 않았다면 지금은 도저히 알 수 없는 이야기들도 많았다고 하니까 정말 귀한 책인 거죠. 25년 전에 쓴 초간본을 더 보완을 했습니다. 그동안 진주의 알려지지 않은 이야기들과 직접 채록한 전설 등에 내용을 더 담아서 이번에 증보판으로 나왔는데요. 듣도 보도 못한 100가지 진주역사 가운데 진주여고를 졸업한 분들이라면 더욱더 흥미진진한 이야기가 아닐까 싶습니다. 책 속 마흔 번째 이야기 '일신생활관'. 이어서 쉰아홉 번째 이야기 '충노비'에 관한 내용까지 지금부터 그 이야기 속으로 들어가보죠.

"일신생활관(一新生活館)! 꿈 많은 여고시절 추억이 어린 진주여고의 생활관. 오랜 전통으로 다져 온 진주여고 출신의 여성들은 학창시절의 가장 향수 어린 장소를 하나 든다면 단연 일신생활관을 꼽는다. 이곳은 여성들이 가정에서의 이상적 역할을 돋보이게 하는 생활교육을 실천하는 장소였다. 모든 재학생들이 반드시 한번은 입소해야만 하는 의무 교육장이었으며, 기숙사 생활처럼 4박 5일 동안 정규 교과목이 아닌 생활관 자체의 교육내용에 따라 생활했다. 입소생 대표의 선서로 시작되는 생활관 생활은 반드시 한복을 입어야 했으며 손님 맞는 법, 어른께 진짓상 올리기, 큰절 올리기 등의 전통예절 학습과 직접 중앙시장에 나가 장을 보고 식사준비하기, 자신의 도시락을 직접 싸보기, 옷 세탁하기, 화단 가꾸기 등의 가사 노동을 직접 체험하는 기회를 가졌다. 그러나 무엇보다 주목할 점은 조를 지어 가상의 가정을 만들고 학생각자가 아버지나 어머니의 역할을 하며 미래의 가정상을 미리 체험했다는 것이다. 판에 박힌 교과서식 가정교육이 아니라 몸소 각자의 역할을 통해 부모님의 입장도 이해해 보고 미래의 결혼생활에 대한 단아한 꿈도 다져보는 그야말로 살아있는 교육의 장이었다.

지금 생각하면 이 모든 것이 불편하고 무척 고리타분하게 여겨질지는 모르겠지만, 당시 저학년 때부터 예비고사와 본고사 준비에 시달리던 여고생들에게는 숨통을 틔워 주는 활력소였다. 단지 아쉬웠던 점은 세대가 교체되고 세태가 변했다는 것이다. 여성들의 사회적 활동이 점점 더 강조되고 가사노동과 전통예절은 다소 등한시되는 세태이기 때문이다.

이러한 요즘 신세대의 사고방식과 그런 세태 때문인지 지금의 여고생들에게는 생활관 입소가 형식에 불과하며 핵가족 사고방식에 걸맞지 않은 진부한 것이 되어 버린 것 같아 보인다. 이런 전통도 빛이 바래 진주여고 후배들은 더 이상 생활관에 입소·숙박하지 않는다. 이제 어머니의 가슴처럼 넉넉했던 일신생활관은 1987년 '효주기념관'이 신축되면서 철거되고 없지만, 이곳을 거쳐 간 입소생 1만 4천여 명의 가슴속에는 애잔하고 그립던 짙푸른 여고시절과 더불어 영원한 향기로 남아있을 것이다."

"**'충노비**(忠奴碑)'! 충성스런 '노비의 정려비' 충노비. 전국에 흩어진 수많은 정려비 가운데 진주시 진성면에 있는 충노비는 노비의 정려비라는 점에서 여느 정려비와 확연히 구분된다. 진성면 동산리 용고미 마을 앞에는 전국 어디에서도 찾아보기 힘든 충노비가 있다. 이 충노비는 충성과 효성을 다한 노비를 기려 국가가 내린 정려비이며, 노비주인댁 문중에서는 해마다 그를 위한 제사를 지내고 있다.

조선 숙종 때 용고미의 향반 박의달에게는 절대적으로 주인에게 복종하는 충성스런 노비가 있었다. 그 노비의 이름은 최의남인데 주인을 섬기는 정성이 부모를 섬기는 것 못지않아 매우 충성스런 종으로 소문이 자자했다. 박의달이 일찍 죽자 그는 주인의 어린 아들을 업고 다니며 대를 이어 충성을 다했다. 그는 1년 내내 어린 주인의 발에 흙이 묻지 않을 정도로 매일 업고 다니며, 죽은 상전의 충실한 종이며 그림자로서 온갖 충성을 다 바치다가 죽었다. 이 사실을 전해 들은 조정에서는 숙종 13년인 1687년 박씨 문중에게 충노문을 하사하여 수많은 노비가 최의남을 본받도록 했다.

이처럼 엄격한 신분제 사회에서 최의남이 보여준 충효는 당시의 미덕처럼 인정받았으나, 착취당하는 노비들의 불행한 삶에 과연 얼마나 많은 희망을 줬을지 의문이다. 오히려 최의남과 충노비로 인해 더 많은 노비들이 노동력을 착취당하며 살았는지도 모른다. 이후 헌종 11년인 1845년 11월 '충노효자 최의남지려'라는 정려문을 만들었고, 임신년 11월에는 충노비를 세웠다. 또한 박씨 문중 후손들은 최의남이 죽은 후 충노비 정려문을 세우고 자기집 주인을 위해 충성을 다 바친 노비의 정성에 보답하는 뜻으로 매년 음력 10월 20일에 그의 제사를 지냈다."

네. 듣도 보도 못한 100가지 진주역사 가운데 진주여고 일신생활관, 그리고 진주시 진성면에 있는 충노비에 관한 이야기를 들려드렸습니다. 이 내용 말고도 진주의 옛 관공서, 학교, 병원, 교회, 봉수대에 대한 내용도 들어있고, 문학사랑방 역할을 하던 은전다방 등등 진주역사의 중심축에 있었던 이야기들이 수록되어 있고요. 또 진주의 정체성을 의미하는 '진주정신'을 담은 내용도 많습니다. 진주성전투나 진주농민항쟁, 또 동학농민운동, 3·1운동, 형평운동 등의 역사가 『진주이야기 100선』의 곳곳에 녹아 있는데요. 이 책의 저자는 100가지 진주이야기 중에서 잊을 수 없는 내용이 있다고 합니다. 김경현 작가의 이야기를 들어보시죠.

"이 책에 실린 이야기는 특별한 비중에 따라 100선을 선정한 것이 아니기 때문에 어느 것 하나 가치가 없는 것이 없으며, 또한 서로간에 애착의 경중을 따지거나 비교할 수도 없어 모두가 소중합니다. 그래서 특별히 가장 애착이 가는 내용을 말하긴 어렵습니다만 그래도 잊을 수 없는 내용을 하나 든다면, 지금 갤러리아백화점이 들어선 자리에 있었던 건물에 대한 이야기입니다. 옛날 진주일신여자고등보통학교 본관을 말합니다. 이 건물은 일제 때 진주의 뜻있는 사람들이 힘을 모아 발기한 민족사학재단에서 평안동에 건립한 유서 깊은 사립학교 건물이었거든요. 그런데 일제 때 학교가 공립으로 넘어가면서 지금의 진주여고 전신이던 진주고등여학교가 사용하다가 여고가 상봉동으로 이전하자 해방 후에 금성초등학교 건물로 이용되었습니다. 하지만 금성초교가 초전동으로 다시 이전된 후에 그 건물은 진주의 교육자산으로 활용되지 못하고 방치되었다가 일반에 매각되고 말았습니다. 그리고 1990년대 중반 시민사회에서 보존여론이 일어나니까 갑자기 의문의 화재가 일어났어요. 그 화재로 사라지고 말았던 거지요. 교육도시 진주의 문화적 자산이 어처구니없는 이유로 사라졌다는 안타까움 때문에 더 잊을 수 없는 이야기가 되었습니다."

"사실 진주에는 유형(有形)의 자산들이 널려있습니다. 그래서 무형(無形)의 자산을 더 많이 챙겨야 할 것 같아보여요. 그렇다고 춤이나 노래 같은 무형문화재를 말하는 것이 아니라 진주의 정체성을 의미하는 진주정신을 말합니다. 그 진주정신은 진주의 역사와 맥락이 닿아 있기 때문에 반드시 진주역사에서 찾아야 되는 것이지요. 이 책에 소개된 100가지 이야기 이외에 다른 진주이야기를 찾아보려고 합니다. '신진주이야기 100선'이나 '역사보따리 이야기'를 다시 책으로 묶어보려는 계획도 은연중에 꿈꾸고 있거든요."

네. 이번 책에 나와 있는 100가지 이야기 외에 또 다른 진주의 이야기, 또 어떤 새로운 역사이야기가 있을지 김경현 작가의 다음 책도 기대가 됩니다. 그리고 우리가 지역의 역사를 알아야 되는 이유에 대해서는 이런 이야기를 해주셨어요. 특히 "진주정신을 알아야 한다. 우리 지역뿐만 아니라 사람사는 공동체에는 반드시 필요한 정신이기 때문에 이 정신을 낳게 한 진주의 역사적 배경과 뿌리를 알아야지만 의미있는 삶을 살 수 있다"라고 이야기해주셨는데요. 물론 진주정신뿐만 아니라 우리가 딛고 서 있는 땅 위에 소소한 역사와 문화에도 얼마든지 삶의 의미를 찾을 수 있는 것들이 너무나 많습니다. 오늘 소개해 드린 책 『진주이야기 100선』에는요, 100가지 이야기만 나오지만 진주지역 도처에는 아직도 찾지 못한 이야기들, 알려지지 못한 이야기들이 무수히 널려있는데요. 여러분이 한번 진주이야기를 직접 찾아보시면 어떨까요?

그리고 내일 저녁입니다. 7시 30분에 진주문고 여서재에서 『진주이야기 100선』 작가 강연회 및 출판기념회가 열린다고 합니다. 진주사람만이 알 수 있는 이야기, 그리고 진주사람이 아니어도 누구나 공감할 수 있는 진주이야기들을 함께 나누는 의미있는 시간 가져보시면 좋겠습니다. 지금까지 '책 읽어주는 라디오'였습니다.

* 『김경현의 진주이야기 100선』을 소개한 방송프로그램은 《KBS진주》의 「책 읽어주는 라디오」라는 코너인데, 2024년 1월 30일 제1라디오 매거진 교양프로그램 〈정보 주는 라디오(약칭 '정주라')〉를 진행할 때 이 책에 대한 이야기가 소개되었습니다. (이날 인터뷰 질문지와 방송대본은 방송작가가 아닌 진행자가 직접 작성하고 방송했습니다.)

김경현의 '백촌 강상호' 묘비* 건립 이야기

성순옥(《재능교육》교사)
페이스북 2024년 2월 1일

    2024년 1월 31일 진주문고 여서재에서 '김경현' 작가 강연회 겸 출판기념회가 있었다. 일주일 동안 부분부분 [페이스북에] 글을 올렸지만 직접 강연을 들으니 가슴이 벅차올랐다.

    촉석루, 진주성, 남강, 논개가 주제가 아닌 100가지 역사이야기. 1998년에 세세히 담지 못했던 부분 보완하고 애썼던 작가의 몇 개월 노고를 집중해서 듣는 시간.

    100가지 이야기를 한 시간 넘게 모두 언급해 주었는데 나는 (방청객 모두 같은 마음) '백촌 강상호 선생' 묘비 건립에 대한 과정을 들을 때 박수를 보내지 않을 수 없었다.

    1998년 석류공원 기슭 어느 곳에 묘비도 없고 풀이 우거져 초

성순옥은 경상국립대 국문학과를 나왔고 《재능교육》 교사로 일했다. 페이스북으로 소통했으며, 《단디뉴스》에 「성순옥의 알콩달콩 이야기」를 연재했다.

라한 무덤을 발견한 작가는 그 무덤 주인이 백정을 해방시킨 형평사 창립주역 강상호 선생임을 알았다. 초간본이 나오고 책을 남성당 김장하 선생께 보냈고 책을 읽은 김장하 선생은 아무에게도 말하지 말라며 성금을 보냈다. 이듬해 몇몇 지인과 함께 묘비를 세워 고유제도 지냈다.

묘비에 새긴 어느 시민 이름이 밝혀진 것은 〈어른 김장하〉 다큐를 찍을 때 밝혀지게 되었다. '백촌강상호지묘'는 그렇게 묘비명을 갖고 더 알려지게 되었다. 김경현 책에는 이 부분을 "어느 시민은 자신의 선행을 끝까지 함구할 것을 요청했으나 역사기록 차원에서 이제는 밝힌다. 그는 바로 형평운동기념사업회장이며 독지가인 남성당한약방 김장하 선생이다"라고 했다. (지금은 이 것마저 다 내려놓으심.)

작가는 강상호 선생 묘비건립으로 끝나지 않았다. 강상호 선생이 한 3·1운동 공적도 밝혀내고 국가보훈처(국가보훈부)에 독립유공자신청을 했다. 몇 차례 거부와 보완을 거쳐 2005년 11월 대통령 표창을 추서받았다. (여기서 모두 박수를 침.)

'고기장사, 버들가지의 챙이장사'를 위해 주야고심 투쟁을 한 강상호 선생. 주약동에서 가좌동 넘어가는 새벼리 오른쪽 기슭에 선생의 묘소가 있다.

"오호! 존경하옵신 선생님이시여. 당신의 동지들은 오늘 지하에서 눈물로써 오늘의 당신을 맞이할 것이 아닙니까. 오호! 무심하게 떠나신 선생님이시여. 길이길이 우리들을 보살펴 주옵소서. 그리하여 우리의 모임도 참된 꽃의 동산이 되어 한마음 한뜻으로 동지간의 참된 친목의 모임체가 되게 하소서! 오호! 선생님이시여. 슬프옵니다. 고이고이 안녕히 잠드옵소서." (1957년 강상호 선생 영결식 때 읊은 조사, 인용 463~471쪽)

100가지 역사가 천 가지, 만 가지 되어 진주역사가 아닌 모두의 역사가 되기를 (….)

* 형평운동가 강상호 선생의 묘소는 경남 진주시 가좌동 산 93-7번지(일명 '새벼리')에 위치해 있습니다. 묘비에는 "모진 풍진의 세월이 계속될수록 더욱 그리워지는 선생님이십니다. 작은 시민이"라는 문구가 새겨져 있습니다. '모진 풍진의 세월'은 세상에서 잊혀진 형평운동을 말하고, '그리워지는 선생님'은 형평운동을 일으켰으나 존재가 희미해진 강상호 선생을 말하며, '작은 시민'은 형평운동의 정신을 되살리고 강상호 선생을 잊지 않은 독지가 김장하 선생을 말합니다.

"에나*, 진주를 알아볼까요?"

성수연(《곰단지야》** 편집장) / **김경현**(저자)
《곰단지야》 2024년 2월호

진주(晉州) 이야기를 아십니까?
"에나, 듣도 보도 못한 이야깁니다."

1998년 『진주(晉州)이야기 100선(選)』이 세상에 나왔다. 진주사람들의 많은 사랑을 받았지만 오래전에 절판되었고 이 책을 더 이상 찾아볼 수 없었다. 이후 전설처럼 떠돌던 진주이야기가 무려 25년 만에 『김경현의 진주이야기 100선』으로 증보되어 복간되었다. 그 책의 저자 김경현 작가를 만나본다. [이하 질문 및 답변(Q&A)]

이번에 『김경현의 진주이야기 100선』을 내게 된 동기가 있으신가요?
25년 만에 초간본을 개정·보완해 증보판을 내놓게 되었는데,

성수연은 목원대 산업미술학과를 나왔다. ㈜두산동아(옛 동아출판사)에서 일했으며, 월간 《곰단지야》 편집장을 지냈다. 주요 저작으로 『인생을 바꾸는 책 쓰기』가 있다. 김경현 작가와 대면인터뷰를 진행했다.

물론 계기가 있었습니다. 1998년 12월 세상에 나온『진주이야기 100선』초간본은 부족함이 많은 책이었지만 오랜 시간 동안 진주사람들의 사랑을 받았습니다. 이미 절판된 지 오래되었지만 이 책을 찾는 사람들이 있다는 말을 종종 들었습니다. 그러던 차에 2023년 10월 진주문고 여태훈 대표의 권유를 계기로 복간본 출간의 마음을 굳히고 옛 원고 파일을 찾아내 고치고 보완하여 2024년 1월 이렇게 증보판을 내놓게 되었습니다.

도서출판 곰단지에서 출판하신 이유는요?

도서출판 곰단지는 지역문화 콘텐츠를 주로 출판하는 진주의 대표적인 출판사로 알고 있습니다. 월간《곰단지야》를 통해 꾸준히 지역의 인물과 문화를 소개해주셔서 진주를 사랑하는 독자로서 감사하게 생각합니다. 이번에 나온 책『김경현의 진주이야기 100선』이 출판사의 방향과 기획에도 잘 맞아서 진주를 궁금해하시는 많은 분과 지역의 역사와 문화에 관심이 있는 모든 분들께 유용하게 전달되어 잘 활용되길 바랍니다.

하시는 일은 무엇인가요?

처음엔 언론운동을 했으나 나중에는 역사운동을 했습니다. 이 책 초간본을 낼 당시엔《진주신문》기자를 그만두고 진주지역의 역사와 문화를 본격적으로 조사하고 공부하기 시작할 때였습니다. 이렇게 시작한 지역사에 대한 관심과 흥미가 한국사로 확장되면서 근현대사, 특히 일제강점기의 역사에 주목하고 매진하면서 『친일인명사전』 편찬위원으로 활동하게 되었지요.

그후로 『명석면사』·『친일인명사전』·『경상남도사』 집필위원을 지내며 역사서 및 인명사전과 인명록 등을 집필했고, 이어서 친일반민족행위진상규명위원회 조사3팀장, 행정안전부 과거사관련업무지원단 전문위원을 역임하면서 친일청산과 한국전쟁 등 과거사 문제와 관련된 일을 주로 했고요.

'듣도 보도 못한 진주역사'라는 부제가 눈에 띄네요.
초간본 출판 당시 진주토박이들도 처음 들어보는 이야기라고 호기심을 자아냈던 모습이 기억나 이번 책에 '듣도 보도 못한 진주역사'란 부제를 달았습니다. 『진주이야기 100선』 초간본을 낼 당시는 《진주신문》 기자가 아니었지만 기자를 지낼 때 이미 진주지역에 대해서 많은 취재가 이루어져 있었으므로 그중 100가지 이야기를 간추려 글을 쓸 수 있었지요. 주로 진주의 알려지지 않는 이야기를 더 담고 싶었기에, 그래서 널리 알려진 이야기보다 직접 채록한 전설이나 버려진 유물이나 유적들을 유심히 살펴보고 속살같이 깊은 이야기들을 많이 챙겼습니다.

증보판이라면 내용을 추가하신 건가요?
그렇습니다. 아주 대폭 추가했어요. 1998년 책을 처음 쓰다 보니 당시는 자료나 필력이나 모든 게 부족한 점이 많았지요. 25년 만에 다시 들여다보니 서툰 점이 눈에 크게 띄고 시간적인 거리감도 많이 느껴졌어요. 그 간격을 메우려면 책을 다시 써야 하겠지요. 하지만 기존 내용이 갖고 있는 역사이야기의 유의미성에 비추어 볼 때 그 내용을 함부로 훼손하기가 어려웠어요. 그래서 초간본의 줄거리 내용과 서술방식은 대부분 그대로 유지했어요.

그렇지만 손을 대지 않는다는 것이 생각보다 어렵고 수월하지 않아 많은 부분에 대해 가필했고 내용도 많이 새롭게 보완했는데, 여전히 미진한 부분이 있는 것 같아 아쉽습니다. 우선 추가한 내용은 기존 내용에 맞게 다듬었고 기존의 문장은 손질해 읽기 편하게 보완하고 요즘 트렌드에 맞게 편집했습니다. 하지만 최선을 다했지만 너무 짧은 시간에 마무리 지은 일이라서 그런지 좀 더 세심하게 보지 못한 부분이 있어 아쉬운 마음을 숨길 수 없네요.

예를 들면 어떤 부분에서 아쉽다는 것인가요?

100가지 이야기 중에 예를 하나 들면 진주사직단 부분이 그렇습니다. 진주시 상봉동에 위치한 달성서씨 종중임야에서 진주사직단의 훼손된 옛터가 발견됨으로서 2018년 경남기념물 제291호로 지정되었다는 사실을 추가하지 못했다는 점입니다. 아직 진주사직단은 원형이 복원되거나 사직공원으로도 조성되지 못했지만 터가 확인된 만큼 언젠가 복원될 것으로 기대됩니다. 그렇지만 사직단과 같이 미흡한 부분이 일부 있기는 했지만 대부분의 진주이야기는 초간본보다 훨씬 내용이 많이 보완되어 새롭게 단장됨으로써 증보판 작업을 잘했다는 생각이 듭니다.

또 한가지 아쉬웠던 점이 있어요. 어떻게 보면 가장 큰 아쉬움이겠지요. 바로 사진부분입니다. 초간본에 실릴 때부터 사진상태가 좋지 않았는데, 원본사진을 구하지 못해 초간본의 사진을 증보판에도 부득이 그대로 썼다는 점입니다. 물론 추가사진을 통해 진주면사무소 등은 훌륭하게 보완했지만 진주장이랄지 옥봉리예배당 등은 복사기에서 복사한 허접한 사진을 다시 써서 매우 아쉽습니다. 사진에 대한 아쉬움을 달래기 위해 내용보완에 주력함으로써 최소한이나마 위안을 삼고자 했습니다.

진주하면 촉석루나 논개가 떠오릅니다.
맞습니다. 촉석루와 논개는 진주를 상징하는 말일 정도로 대표적입니다. 게다가 '진주 역사를 보면 우리나라 역사를 안다'라고 할 정도로 진주는 '역사의 보고(寶庫)'입니다. 도저히 100선으로 그 이야기를 다 담을 수는 없는 거죠. 장구한 역사 속에 100가지를 추려내 다루다 보니 빠진 이야기에 대한 부분이 생각나 이 역시 아쉬움이 많습니다. 이를테면 진주역사를 지켜본 촉석루의 유구한 역사랄지 논개의 가무제인 '의암별제'와 진주기생들의 '교방문화' 이야기도 빠져있습니다. 그렇지만 진주를 대표하는 촉석루와 논개 이야기를 일부러 뺐다고 하기보다는 너무 많이 너무 잘 알려졌기에 알려지지 않은 이야기를 중심으로 쓰려는 전략적 의도에 따라 제외한 것이지요.
또 교육도시의 면모를 보여주는 진주 교육역사의 산실인 공립진주고등보통학교나 공립진주농업학교, 경남도립사범학교도 그렇고, 근대문화유산으로 남아있는 구 진주역 철도건축물과 한국전쟁의 상흔이 남아있는 진치령터널 등 민간인학살장소 등에 대한 부분도 그렇습니다. 하지만 초간본 출판 당시에 자료를 조사하고 묶어놓았던 보따리는 아직도 갖고 있습니다. 비록 낡았지만 언젠가 봉인되어 있던 매듭을 풀게 된다면 빛을 보게 될 날이 있겠지요.

  선화당, 시원여학교, 진주군청, 성지충혼탑, 옥봉천주당, 진주사범강당, 각후재, 금촌선생 송덕비, 진주 제3야학교, 진주사범 구료, 정촌교 특활대, 진주 봉양학교, 배다리, 대사지, 배돈병원, 망진봉수, 동장대, 문산찰방, 은전다방, 낙육재, 수정봉 고분, 무두묘, 호랑이나무, 너우니, 추새미, 우다리, 충노비, 노루목, 용호정원, 강상호·류계춘·남인수·하륜 무덤 등…. 정말 듣도 보도 못한 진주역사 이야기가 많습니다.

  사실 이야기는 많았지만 대개는 제대로 된 기록이 없었습니다. 그래서 어떤 기억이라도 기록으로 남기지 않는다면 결국 잊히거나 왜곡되기 마련입니다. 증보판을 만들면서 그 당시 기록하지 않았다면 지금은 도저히 알 수 없는 이야기들도 있었다는 사실이 그것을 말해줍니다. 세월이 지나면 흔적은 지워지고 기억은 잊히지만 기록은 남는다는 평범한 역사적 진리가 비단 이 책의 이야기만은 아니겠지요. 그래서 전인미답(前人未踏)을 걷는 마음으로 흩어진 이야기와 자료를 하나 하나 수집하고 퍼즐을 맞추어 이야기를 재구성하며 글을 썼습니다.

  그런데 이 과정에서 알게 된 사실이 하나 있습니다. 우리 역사에서 잊히지 않고 전승해야 할 이야기가 오히려 잊혀지고 있는 반면에 빨리 잊혀져야 할 이야기가 거꾸로 잊히지 않고 이어지는 경우도 있었다는 점입니다. 만약 전자보다 후자가 더 많아질수록 역사가 거꾸로 흘러가는 것이 아니겠습니까? 선한 이야기가 사악한 이야기를 밀어내듯 옳고 그름에 대한 판단은 후세가 하겠지만 일단 그러기 위해서는 기록으로 남겨야 가능하지 않을까요? 그런 의미에서 『진주이야기 100선』은 기록의 측면에서 괜찮은 작업이었습니다. 처음엔 소박하게 시작한 작업이었는데, 주변의 기대와 응원 속에 거창하게 증보판까지 내게 되어 가슴이 벅차고 설렙니다. 아직도 진주에는 누군가의 손길을 기다리는 이야기가 무궁무진하게 많이 남아있다고 생각합니다.

100가지 이야기를 어떻게 선정하였는지요?

이 책은 진주이야기들을 연대기처럼 나열하지 않았습니다. 진주 민중의 역사와 문화가 도식적으로 존재하지 않았다고 보기 때문입니다. 순전히 제가 취재하고 수집한 자료를 토대로 글이 될 만한 것부터 먼저 쓰기 시작한 것이었을 뿐 별다른 의미나 우선순위는 없습니다. 이 책에 수록된 100가지 이야기는 순위나 경중을 매기거나 가릴 수 없는 것으로 하나같이 모두 소중한 것들이기 때문이지요.

어떤 분들이 이 책을 읽으면 좋겠는지요?

이 책 초간본은 1998년 진주문화원에서 발행하여 당시 관계된

분들과 기관과 단체에 전해진 것으로 압니다. 서점에 유통하는 책이 아니다 보니 일반 시민들이 접하기가 어려웠겠지요. 그래서 책을 구하기 어렵게 되자 제가 갖고 있던 소장본을 빌려가 복사·제본하는 분들도 있었고, 심지어 원고파일을 달라고 하여 씨디롬으로 만든 분도 있었습니다. 이렇게 지역역사와 문화에 대해 지대한 관심을 가진 이들이 초간본을 많이 사랑해 줌으로써 저자인 저는 매우 큰 보람과 긍지를 느꼈고, 이번에 증보하는 데도 나름대로 사명감을 갖고 열정을 보이게 되었던 셈이지요.

이번 책은 도서출판 곰단지에서 출판해주셔서 교보문고나 예스24, 알라딘, 인터파크 등 온라인서점과 진주문고 등 전국 지역서점까지도 모두 유통이 된다고 하니 더없이 기쁩니다. 왜냐하면 진주에 관심이 있는 분이라면, 특히 그동안 책을 구하지 못해 『진주이야기 100선』에 목말라했던 분들이라면 누구라도 이 책을 살 수 있는 거잖아요. 이 책을 통해 진주에 대해 몰랐던 것 한 가지라도 새롭게 알 수 있다면 좋겠고, 그렇게 잊혀가는 것을 다시 기억해주고 조명해주는 계기가 된다면 더욱더 좋겠어요.

요즘 학교에서는 지역문화콘텐츠 교육이 이루어진다고 해요. 선생님들과 학부모님들이 먼저 이 책을 통해서 다양한 진주역사 이야기를 공부하면 좋겠네요.

네, 맞아요. 중앙사가 아닌 지역사를 알아가면서 참된 '진주정신'을 생각하면 좋겠습니다. 저도 이 책을 집필하면서 조금이나

마 알게 된 것 같아요. 아니! 부족함을 느끼고 더 공부하는 계기가 되었습니다. 새로운 것을 만들어내는 것도 필요하고 남의 것을 모방해 응용하는 것도 좋겠지만 지금 갖고 있는 것을 잘 살펴보고 자신이 딛고 있는 우리 땅의 역사와 문화를 잘 알고 활용했으면 더욱 좋겠습니다. 가장 진주적인 것이 가장 지역적인 것이니까요. 이것이야말로 가장 한국적인 것이 되며, 나아가 가장 세계적인 것이 되지 않겠습니까? 어쩌면 한류열풍도 가장 로컬했기때문에 가장 글로벌하게 전개되지 않았을까 생각합니다.

 그리고 가능하다면 진주를 방문하는 관광객에게도 이 책이 전해질 수 있다면 그분들에게도 진주를 기억하는 좋은 선물이 되겠고요. 나아가 그들이 진주를 둘러보고 돌아간 후 자신이 살고 있는 지역에 대한 역사와 문화를 발굴하고 정리 및 기록하는 데 이 책이 하나의 동기가 되길 바랍니다. 이 책의 100가지 이야기는 지역사 발굴에 있어 하나의 선행자료와 좋은 참고자료가 되지 않을까 생각합니다. 이 책이 다른 지역의 역사와 문화를 찾는 데도 도움이 되는 선순환을 이루도록 그 지역의 역사·문화를 발견하고 우리나라 역사를 풍부하게 완성시킬 지역사의 사초로 쓰였으면 더할 나위가 없겠습니다.

 저자분에게 진주란 어떤 곳인가요?
 저는 진주사람이 아닙니다. 진주에서 태어나지 않았거든요. 어쩌다가 진주에서 공부하고 일하고 진주이야기까지 쓰게 되었지만요. 하지만 진주를 기억하는 사람이 진주사람이라면 전 '진주사람'이 맞습니다. 물론 진주사람이든 아니든 어떻습니까? 누군가는 진주이야기를 기록하고 또 기억해야 할 것이고 저는 그 일을 한 거고 앞으로도 계속해나갈 생각입니다. 이젠 어느 누구도 저를 외지인이나 이방인으로 보지 않습니다. 저 역시 비록 어디에 있다고 하더라도 진주의 기억과 정체성을 갖고 있는 한 언제까지나 어엿한 진주사람으로서 떳떳하게 살아갈 것입니다.

사실 진주를 떠올리면 가장 먼저 천릿길이 생각납니다. 외지인이 볼 때 진주는 서울에서 천리나 멀리 떨어진 변방에 있는 친릿길의 고장으로 오래전부터 인식하고 있었던 것이지요. 예전에는 진주를 천리가 되는 먼 곳에 있는, 중앙의 힘이 미치지 못한 곳에 독창적이고 특별한 역사와 문화를 이룩하고 간직한 대단한 고장으로 보았지만 요즘에는 발전이 지체되고 낙후된 지방도시라는 이미지가 강하게 투영되고 있는 것 같습니다. 하지만 진주가 천릿길의 고장으로 사람들에게 각인된 것은 실제의 거리나 도시발전 여부와 상관없이 이미 우리나라 사람들 마음속에는 오래전부터 확실하게 자리 잡은 '진주라 천릿길'의 정서가 강하게 남아있기 때문이 아닐까요?

이제 진주는 '천리원정(千里遠程)'의 머나먼 거리가 아니라 맹자가 말한 것처럼 먼 길도 마다하지 않고 '불원천리(不遠千里)' 찾아오는 정겨운 길이 되었습니다. 어느 시인이 말했듯이 어떤 누구라도 진주에 한번 오면 정수리에 냉수가 한 바가지 퍼부어지는 것 마냥 정신이 번쩍 들고 마는 것처럼 정신을 차리는 곳입니다. 그렇게 진주의 매력에 푹 빠져든다면 어느 누구도 진주를 사랑하지 않을 수 없게 되는 것이지요. 저처럼 말입니다.

끝으로 하고 싶은 말이 있는지요?
초간본에는 고마움을 전하는 인사말을 남겼는데, 이번 책에도 마찬가지로 똑같은 마음입니다. 특히 많은 자료와 사진을 인용했는데, 도움을 주신 분들께 모두 감사드립니다. 특히 그중 몇 가지 인용문은 일부분 발췌가 아닌 전문을 인용하기도 했지요. 주로 함축된 내용의 시입니다. 제가 쓴 글에 너무 부합하는 내용이라서 버릴 게 하나도 없어 전문을 인용했습니다. 그런데 출판일정상 전문을 인용한 시에 대해 시인과의 연락이 수월치 않은 점이 있었던 관계로 나중에라도 연락이 되면 꼭 인사드리도록 하겠습니다. 감사합니다.

진주에서 사는 진주사람이라면 『김경현의 진주이야기 100선』을 사볼 만하다. 책은 온라인서점, 오프라인 전국 서점과 진주문고 네 군데 서점에서 구매할 수 있다.
"에나, 진주를 알아볼까요?"

---

* '에나'는 진주에서만 쓰는 방언으로 '정말로' 혹은 '진짜로'라는 뜻을 갖고 있습니다. 예컨대 '에나가?' 하면 '진짜인가?'라고 묻는 말입니다.
**《곰단지야》는 도서출판 곰단지에서 발행하는 월간 생활문화 교양지입니다.

김경현 작가의 강연 및 신간 소식을 전하다

임소정(《KBS진주》 아나운서) / **도민준**(청년문화기획자)
《KBS진주》 2024년 11월 14일

임소정 : 여러분의 즐겁고 풍요로운 여가활동을 위한 정보 전해 드립니다. 슬기로운 여가생활, 서부경남의 문화예술 정보 알려드립니다. '문화로 놀자'인 진주청년문화기획자 도민준 씨와 함께하겠습니다. 어서 오세요.

도민준 : 네. 반갑습니다.

임소정 : 오랜만에 뵙네요.

도민준 : 아! 네. 오랜만입니다.

임소정 : 앞으로 격주마다 서부경남권에 다양한 문화정보소식을 전해주실 텐데 오늘 첫 방송입니다. 우리 청취자분들과 또 '보라(보이는 라디오)'로 함께 하시는 시청자분께 직접 인사 부탁드릴게요.

도민준 : 안녕하십니까? 청년문화기획자, 그리고 청년작가 도민

도민준은 창원대 철학과에서 수학했고, 월간 《곤단지야》 기자와 청년문화기획자로 활동했다. 《KBS진주》 임소정 아나운서가 진행하는 〈정보 주는 라디오〉에 게스트로 출연했다.

준이라고 합니다. 오늘 이렇게 또 찾아뵙게 되어서 정말 떨리고, 정말 긴장이 많이 되는데요. 앞으로 이렇게 계속 찾아뵙게 될 테니 잘 부탁드리도록 하겠습니다.

임소정 : 아하! 환영합니다. [박수를 치며 환호함] 예전에 우리 인터뷰를 함께 했었잖아요?

도민준 : 아! 맞습니다.

임소정 : 그때도 긴장감 없이 너무도 말씀을 잘 해주셔서…. 네. 이 코너 기대해보겠습니다.

도민준 : 네. 감사합니다.

임소정 : 오늘 소식을 보니까, 아! 진주시민을 위한 내용 준비하셨네요. 첫 번째 소식 만나볼게요.

도민준 : 아! 네. 최근에 한강 작가의 노벨문학상 수상으로 인해서 문학계와 출판계가 급부상하고 있는데요. [2024년 10월 10일 스웨덴 한림원은 한강 작가를 2024년도 노벨문학상 수상자로 발표했다.] 이에 발맞춰서 문학계 관련 소식 가지고 왔습니다.

임소정 : 예. 좋습니다.

도민준 : 먼저 오는 16일 토요일에 진주시립연암도서관에서 김경현 작가의 초청강연회가 열린다고 합니다.

임소정 : 네. 진주시립연암도서관, 시민을 위해서 다양한 프로그램 운영을 하고 있는데 이번에는 연암도서관에서 김경현 작가의 초청강연회가 열리는군요. 어떤 작가죠?

도민준 : 아! 네. 김경현 작가는 옛《진주신문》기자로 활동하였

고, 『명석면사』, 『친일인명사전』, 『경상남도사』 집필위원을 맡으셨고요. 아! 또 친일반민족행위진상규명위원회 조사3팀장, 그리고 행정안전부 과거사관련업무지원단 전문위원을 역임하셨습니다. 또 2005년에는 〈임종국상〉 학술부문에서 수상경력이 있는 분입니다.

임소정 : 그렇군요. 전직 기자 출신으로, 특히 우리 지역의 역사를 기록하고 또 널리 알리는 책들을 많이 남기기도 했습니다. 그중에서 올 초에 출간한 『김경현의 진주이야기 100선』…. 아! 이 책은 저희 '책주라(책 읽어주는 라디오)' 코너에서도 소개한 적이 있거든요. 어떤 책인지 직접 소개를 해주시죠.

도민준 : 아! 네. 옛 《진주신문》 기자로 있었던 작가가 진주의 역사와 문화를 찾아서 진주의 구석구석을 찾아다닌 적이 있다고 합니다. 그때 각종 근현대 신문, 잡지 그리고 역사책을 샅샅이 뒤져가지고 마을의 설화, 건축물, 그리고 기념물의 유래 등을 수집했다고 하는데요. 그중에서 진주의 역사와 문화를 상징하는 100가지 주제를 가려 뽑아가지고 이 책을 펴냈다고 합니다. 하지만 이 책을 처음 펴냈을 당시에는 진주문화원에서 비매품으로 하는 탓에 얼마 지나지 않아서 책이 절판이 되어버렸다고 하네요.

임소정 : 아! 그래요?

도민준 : 그렇게 잊혀질 뻔한 그런 책을, 초간본보다 더 풍부하고

재미있는 내용으로 재구성해서 이번에 기적적으로 부활시켰다고 합니다.

임소정 : 네. 진주와 관련해서 100가지 이야기를 담은 책을 이렇게 출간을 했을 만큼 진주에 얘기꺼리가 얼마나 풍성합니까? 네. 구체적으로 책에 어떤 기록들 담겨있죠?

도민준 : 아! 책의 내용은 시대적으로 보면 선사시대부터 근현대사까지 관통을 하고 있고요. 정치·사회·교육·문화·예술·역사 등 거의 모든 분야를 담고 있습니다. 특히 일제강점기와 관련된 기록들이 많이 실려 있는데요. 진주의 대표적인 황국신민화 교육장이었던 진주신사, 일제시대 최고급 문방구점이었던 청수문방구점, 악명높은 일제 식량수탈기관인 진주식량검사출장소 등 일제강점기 시절의 진주이야기가 다양하고 깊게 서술되어 있습니다. 그 외에도 킹메이커라고 불린 조선시대 개국공신 하륜 선생의 이야기, 또 임진왜란 때에 관련된 진주성의 싸움 흔적, 이순신 장군이 통제사로 재임명된 곳인 손경례 고택, 또 동학농민운동과 3·1운동 등 진주 토박이분들도 신기해하실만한 그런 다양하고 많은 이야기가 책에 실려 있습니다.

임소정 : 이 외에도 정말 많은 내용들을 담고 있을 텐데 진주가 천년이 넘는, 또 역사적인 유서가 깊은 도시잖아요? 그런 만큼 이와 관련해서 흥미를 끄는 내용으로 구성이 되어 있습니다. 그리고 도민준 씨가 직접 김경현 작가를

만난 적이 있다고요?

도민준 : 아! 만났다라기보다는 찾아뵈러 간 적이 있는데요.

임소정 : 아! 그래요?

도민준 : 올 초에 이 책이 나온 지 얼마 되지 않은 시점에서 진주문고 여서재에서 해당 책으로 북토크 콘서트가 열린 적이 있었어요. [사실 북토크만 있었고 북콘서트는 없었음.]

임소정 : 아하! 그렇군요.

도민준 : 제가 그때 관심이 생겨서 그곳에 직접 찾아갔던 기억이 있습니다. 책을 이제 사서 꼭 사인을 받고 싶어서 줄을 섰는데, 정말 많은 분들이 줄을 서 계셔서 저는 결국 사인을 받지 못하고 돌아온 기억이 있습니다.

임소정 : 그 정도로 작가님 인기가 대단했군요?

도민준 : 예. 많은 분들이 아무래도 관심을 가져주시다보니까요. 그래서 이번에 작가님께 관심이 생기신 분이라면 앞서 말씀드린 초청강연 참석하셔서 작가님과의 만남 꼭 가져보시면 좋을 듯합니다.

임소정 : 네. 그렇다면 연암도서관에서 열리는 김경현 작가 초청강연회에서는 어떤 이야기 들을 수 있습니까?

도민준 : 앞서 소개한 듣도 보도 못한 진주역사, 기록되지 않았다면 잊히는 역사, 숨은 그림 찾듯 찾아낸 진주의 100가지 이야기책이죠.『김경현의 진주이야기 100선』에 실린 내용들을 토대로 작가님의 다양한 이야기가 펼쳐질 예정

이라고 합니다.

임소정 : 네. 책을 읽고 작가의 설명까지 들어보면 내용을 더욱 깊이 있게 받아들일 수 있겠죠. 참여신청은 어떻게 하면 되지요?

도민준 : 우선 강연일시는 오는 11월 16일 토요일 2시부터 4시에 진행이 될 예정이라고 합니다. 시립도서관 홈페이지에서 현재 선착순 마감으로 참여신청을 받고 있는 중이고요. 신청대상은 중학생 이상 일반인분들로 최대 40명까지 신청받고 있습니다. 신청방법은 시립도서관 홈페이지에 들어가셔서 독서문화프로그램 신청 (및) 연암도서관 순으로 들어가서 신청해주시거나 전화접수도 가능하다고 합니다.

임소정 : 네. 이달에는 초청강연회뿐만 아니라 김경현 작가의 신간 소식도 있더라고요.

도민준 : 아! 네. 11월 20일에 작가님의 진주 역사·문화, 그리고 논개에 관한 비평책인 『진주 죽이기』가 출간된다고 합니다.

임소정 : 『진주 죽이기』?

도민준 : 네!

임소정 : 예. 어떤 내용을 담고 있을까요?

도민준 : 일단은 11월 25일부터 책이 온라인, 오프라인 서점을 통해서 먼저 선보인다고 하고요. 그리고 11월 30일 오후 7시 진주문고 여서재에서 작가초청강연 및 출판기념

회가 열릴 예정이라고 합니다. 이번에 새로 나온 책의 내용이 진주역사를 둘러싼 온갖 논란에 관한 작가의 생각과 진주 역사·문화, 그리고 논개에 관한 도발적인 생각들을 담고 있는 그런 책이라고 해요. 이번 소개를 계기로 작가님에게, 또 진주역사에 대해서 관심이 생긴 분들은 참고하셔서 기억해두시면 좋을 것 같습니다.

임소정 : 네…. [이하 생략]

『김경현의 진주이야기 100선』 작가 강연 후기

해바락이(블로거)
블로그 2024년 11월 17일

    연암도서관에서 『진주이야기 100선』 책을 내신 작가 김경현 님 강연이 있다고 하여 가보았습니다. 독서모임에서 11월 책이 바로 이 책인데, 읽기에 조금 어렵기도 해서 작가님 강연을 들으면 좋을 것 같았습니다.

    사실 가족여행으로 근처 숙소에서 1박을 하고 돌아오는 길이었어요. 여행에서 곧장 오느라 많이 피곤한 상태였지만 강의 내용이 재밌어서 다행히 졸진 않았습니다.

    진주 곳곳에 얽힌 이야기들을 수집한 책입니다. 글과 사진으로만 보다가 작가님의 이야기로 들으니 더 생생하고 재밌었습니다. 배다리, 남강다리, 우다리 등 옛날 다리들의 흔적과 사연, 지금은 폐선된 진삼선(진주-삼천포) 철도 개통식 사진, 진주 동학

해바락이의 본명은 문유리이다. 블로그 '해바락이' 운영자로 독서모임에서 활동했고, 블로그에 글을 올리며 소통했다.

농민군이 집결했던 너우니 등 역사이야기를 듣고 사진도 보았습니다.

작가님은 진주에서 형평운동기념사업회를 만드신 김장하 선생님께서 언급하신 '진주정신'에 감명을 받으셨다고 합니다. '주체, 호의, 평등'의 정신입니다. 그래서 타지 출신임에도 진주이야기를 열정적으로 수집하고 기록하여 책을 내게끔 되신 것 같습니다. "타지 출신인 점이 오히려 객관성을 유지할 수 있어서 장점이 되었다"고 하셨습니다. 그래도 아마 연구하시는 동안 때로 외롭지는 않으셨을까 생각해보았습니다.

다음 책으로 논개 관련 기록 등을 담은 『진주 죽이기』(역설적으로 진주를 정말 살리고 싶어서 이런 제목을 지으셨다고 합니다.) 책을 출간하셨다고 하는데, 이 책도 읽어보고 싶습니다.

작가님은 연고가 다양하셨는데, 경북 안동 출신이시면서, 전라도 광주에서 학교를 다니셨다고 합니다. 그래서 말씨는 전라도 말투를 쓰셨습니다. 저 또한 광주에서 초등학교 2학년 때까지 살았던 적이 있어서 오랜만에 잊혀졌던 유년 시절 기억 속 말투를 들으니 반가웠습니다.

제2부

'진주 살리기' 위한 『진주 죽이기』

"나, 진주사람 김경현이오!"

조세열(민족문제연구소 상임이사)
『진주 죽이기』(2024년) 본문 '추천의 글'

김경현 선생이 올해 초 『진주이야기 100선』의 증보판 『김경현의 진주이야기 100선』을 출간한 데 이어, 『진주 죽이기』란 도발적인 제목의 책을 다시 내놓았다. 『진주이야기 100선』의 후속편에 상당하는 책으로, 오랜 기간 여러 곳에 기고한 칼럼과 단상들을 엮어 재구성하였다.

『진주 죽이기』는 역설적으로 저자의 '진주의 역사와 문화'에 대한 사랑과 '진주 살리기'에 대한 염원을 웅변하고 있다. 진주는 흔히 영남의 추로지향(鄒魯之鄕)으로 일컬어질 정도로 반향(班鄕)이었으면서도, 동시에 진주대첩이나 진주농민항쟁, 3·1운동, 형평

조세열은 경희대 사학과를 거쳐 같은 대학원 사학과에서 박사학위를 취득하고 민족문제연구소 사무국장과 사무총장을 거쳐 상임이사를 지냈으며, 오랫동안 친일청산운동에 헌신했다. 민족문제연구소가 주간한 친일인명사전편찬위원회 부위원장 및 국가위원회인 대통령소속 친일반민족행위자재산조사위원회 위원으로 활동했다. 저작으로 '인혁당사건 사형수' 이수병에 대한 이야기를 다룬 『암장(岩漿)』과 『이수병 평전』을 공저했다.

운동에서 드러나듯 저항정신의 상징이기도 하였다. 얼핏 이해하기 어려운 '진주정신'-남녀귀천을 막론하고 진주 사람들이 내내 간직해왔던 그 고유의 정서는 무엇일까?

『진주 죽이기』에 실린 진주역사 죽이기와 진주문화 살리기 그리고 논개를 위한 변명은 진정한 '진주정신'이 무엇인지 탐색해가는 과정의 일단을 보여준다. 방대한 문헌자료를 섭렵하고 새로운 시각으로 재조명한 김경현 선생의 작업은 진주의 역사와 문화 콘텐츠를 더욱 풍부하게 하면서 이를 객관화하는 데 기여하고 있다. 김 선생이 주목하고 탐구해온, 또 앞으로도 지속해갈 진주의 역사와 문화에 대한 일련의 추적과 분석은 '진주정신'의 실체를 드러낼 디딤돌이 될 것으로 믿어 의심치 않는다.

김경현 선생과 민족문제연구소의 인연은 2000년 《경남도민일보》에 실린 『명석면사』 관련 기사로부터 시작되었다. 이를 계기로 김 선생의 역저 『일제강점기 인명록Ⅰ-진주지역 관공리·유력자』를 연구소에서 출간하게 되었으며, 김 선생은 이 저서로 2005년 〈임종국상〉 학술부문 초대 수상자로 선정되었다. 당시 『친일인명사전』을 편찬하고 있던 연구소로서는 지방 연구자의 부재를 실감하고 있던 상황이었는데, 향토사 연구의 전범(典範)이 될 연구자가 등장한 것이다.

그때부터 지켜봐 온 연구자 김경현은 지금까지도 변함없이 우리 역사와 문화에 대한 열정과 사명감으로 충만해 있다. 실사구시(實事求是)와 법고창신(法古創新)을 화두로 박제화한 역사가 아닌 살아있는 역사를 발굴하고 기억과 기록을 위해 분투하고 있는 김 선생에게 격려의 박수를 보낸다.

김경현 선생은 역사정의 실현에 참여하고자 공직에 몸담은 지 20여 년 만에 퇴직을 앞두고 있다. 이제 얽매이지 않은 자유인으로서, 진주와 나라를 위해 보다 성숙하고 알찬 저술 활동을 지속해나가기를 기원한다.

"나, 진주사람 김경현이오!"

1985년 학업을 위해 이방인으로 진주에 왔던 저자는 어느덧 진짜배기 진주사람이 되었다. 향토사가 제대로 서야 역사의 전모를 밝힐 수 있다. 저자가 "말도 안 되는 꿈"이라고 겸사(謙辭)를 했지만, '진주의 천일야화' 저술-그 말도 안 되는 목표를 반드시 이루기를 바라마지 않는다.

그는 탁월한 이야기꾼이며 문장가였다

김주완(작가, 전 기자)
『진주 죽이기』 본문 '총평'

김경현은 그야말로 기록 대마왕(大魔王)이다. 오죽했으면 임헌영 소장(민족문제연구소)이 예전 그의 저작을 읽고 "이렇게 철저하고 완전히 모든 자료를 섭렵한 작업은 한 번도 없었다"라고 탄복했을까.*

이 책에서도 논개라는 한 인물을 이야기하기 위해 그가 찾아들이민 기록물의 숫자만으로 기가 질릴 정도다. 온갖 서책과 문서, 기사, 석각문 뿐 아니라 시, 소설, 민요, 연극, 뮤지컬, 오페라 등 문학 예술작품에 이르기까지 모든 기록을 동원해 전방위적 조명과 해석을 시도한다.

덕분에 나는 이 책 한 권으로 논개를 둘러싼 그간의 모든 의문과 궁금증을 풀 수 있었고, 조선시대 기생은 어떤 존재였는지를 비로소 알 수 있었다.

그는 또한 탁월한 이야기꾼이며 문장가였다. 흔히 역사라면 건조하고 딱딱한 사실의 나열만을 생각하기 쉬운데, 이 책에서는 진주라는 지역과 그 역사 속 인물들에 대한 저자의 뜨거운 애정과 무한 상상력을 느낄 수 있었다.

개인적으로는 진주를 수식하는 '천릿길'이란 표현에 대한 내 협량한 시선을 반성할 수 있었고,** 진주에 세워진 변영로의 「논개」 시비 중 '아미(蛾眉)'를 둘러싼 강동욱-서성룡 논쟁도 흥미로웠다. 논쟁에 임하는 지식인의 태도는 어떠해야 하는지 생각할 거리를 주었기 때문이다.***

* 글쓴이 김주완 작가가 언급한 "예전 그의 저작"이란 민족문제연구소에서 펴낸 『일제강점기 인명록 I -진주지역 관공리·유력자』를 말하며, 민족문제연구소 임헌영 소장은 2005년 4월 1일 진주에서 열린 출판기념회에 참석해 축사를 하면서 이 책을 읽은 소감에 대해 글쓴이가 인용한 바와 같은 말을 한 적이 있습니다.

** 글쓴이가 갖고 있던 "협량한 시선"이란 그동안 진주에 대해 바라본 '천릿길'이란 도량이 좁은 생각을 말하는 것입니다. '천릿길 진주'는 아마도 두 가지 측면에서 사람들이 갖고 있는 인식을 이야기할 수 있겠습니다. 그 선입견과 같은 인식은 글쓴이가 말한 것처럼 진주에 대한 협량한 시선일 것입니다. 첫째는 물리적인 거리만으로 생각할 때 천릿길은 천리나 되는 머나먼 거리인 천리원정(千里遠程)을 말합니다. 그러나 과연 천리가 되는 길은 모두 천리원정일까요? 그 말은 진주에 대해서는 해당되지 않을 듯 싶습니다. 예로부터 진주는 공자와 맹자의 고향이라고 일컫는 추로지향(鄒魯之鄕)의 고장으로 불렸고, 천릿길 진주는 이 예향(禮鄕)으로 향하는 길이기도 했습니다. 따라서 진주의 천릿길은 맹자가 말한 것과 같이 불원천리(不遠千里)로 찾아오는 반가운 길이었습니다. 먼 길이긴 하지만 이를 마다하지 않고 기꺼이 여정(旅程)의 수고와 정성을 들여 반갑게 찾아오는 길인 셈입니다. 둘째는 근현대에 이르러 진주의 발전이 침체되면서 비롯된 것 같습니다. 진주는 조선시대만 해도 역사·문화·군사·행정의 중심이 된 큰 고을로 대한제국시대에는 경남관찰사가 주재하는 경상남도의 수부 고을이었고, 일제강점기에는 경상남도청이 소재하던 도시였습니다. 역사적으로 임진왜란 3대 대첩지 중의 하나이고 수탈에 저항한 진주농민항쟁과 신분차별을 철폐하는 형평운동이 일어난 곳이며, 문화적으로 진주기생의 교방문화가 꽃피어 수많은 문화예술이 만발했던 예향(藝鄕)이었으며, 학문적으로 남명 조식의 실천적 학풍이 계승된 고장입니다. 그러하던 진주가 도청이 떠나고 해방 후 서부경남의 일개 중소도시로 위상이 좁아지면서 영남인재의 절반이 나왔다는 소리는 옛말이 되었고, 이제 인재의 보고였던 진주는 인재들이 서울로 모조리 떠나면서 공동화현상을 보이게 되었습니다. 이러한 점으로 인해 천릿길 진주는 낙후된 도시의 대명사와 같이 부정적 인식을 심어주는 말이 되었고, 심지어 도시이미지를 상징하는 이 말을 부끄럽게 생각하기에 이르렀습니다. 그래서인지 진주시로 들어오는 관문에 설치되어 있었던 홍보간판은 어느 해부터인가 '천릿길 진주'란 말이 지워져 버리고 말았습니다. 하지만 이는 진주의 겉모습만 본 것이며, 천릿길을 지워버린 것은 역사와 문화의 고장이던 진주의 위상을 스스로 부정한 안타까운 모습이 아닐 수 없습니다. 바로 천릿길 진주가 지역문화의 본고장이고 경남의 중심으로 만들어주는 자랑스런 길임을 망각한 것이기 때문입니다. 글쓴이는 이러한 점을 『진주 죽이기』를 읽고서야 깨닫고, 비로소 자신의 협량했던 '천릿길'에 대한 시선을 반성할 수 있었다고 고백했습니다.
*** 《경남일보》 강동욱 문화부 팀장과 《진주신문》 서성룡 편집부장 간에 있었던 논쟁에 대해서는 『진주 죽이기』 제2부 '진주문화 살리기'의 제5장 '논개시'를 설명한 해제 부분을 참조하기 바랍니다.

진주만의 고유한 정신을 찾는 과정

도서출판 곰단지 (출판사)*
북리뷰 2024년 11월 15일

"진주만의 고유한 무엇인가가 있다. 이 책은 그것을 찾는 과정이다."
"역사를 기억하고 해석하기 위한 일종의 정신사적 작업이다."
"진주정신을 찾는다는 것과 다름없다는 점을 증명하려 했다."

진주이야기가 또다시 강력한 문제의식을 던지며 등장했다. 25년 전 지역에 이야기판을 깔아놓은 첫 번째 책 『진주이야기 100선』은 단지 흘러간 옛이야기로만 그치지 않았다. 올 초 『듣도 보도 못한 진주역사, 김경현의 진주이야기 100선』이란 증보판이 복간되어 여전히 존재감을 드러냈기 때문이다. 그러나 이번에는 더욱 선명하고 놀라운 힘으로 새로운 화두를 던지며 나왔

도서출판 곰단지는 2017년 7월 부산에서 창립되었으나 현재는 둥지를 옮겨 진주에다 보금자리를 마련한 출판사이다. 2017년 12월 월간 《곰단지야》를 창간했으며, 2019년 6월 진주로 이전한 후 진주의 콘텐츠를 출판하기 시작했다. 정동주 작가의 『진주문화사 이야기』를 비롯해 김경현 작가의 개정증보판 『진주이야기 100선』과 비평집 『진주 죽이기』, 이덕환 사진작가의 사진집 『남강유감(南江有感)』 등을 펴냈다.

다. 그동안 『진주이야기 100선』이 지역의 기록되지 않은 역사와 문화를 찾는 데 노력했다면 이 책은 찾아낸 역사를 기억하고 해석하기 위한 일종의 정신사적 작업을 의미한다. 예사롭지 않은 등장이다. 그래서 첫 마디부터 도발적으로 시작했다. 바로 『진주 죽이기』다.

『진주 죽이기』는 진주의 '역사·문화·논개' 이야기를 역사편·문화편·논개편으로 나누어 집중 기획하고 해제한 칼럼·비평집이다. 올해 초에 내놓은 증보판 『김경현의 진주이야기 100선』을 계기로 이 책이 나왔지만, 작가는 『진주 죽이기』를 단순하게 우연한 계기로 만들어진 것으로 보지 않는다. 그는 이 책의 집필을 필연적 결과로 보며 운명적 산물이라고 말한다. 진주이야기를 통해 잃어버린 우리 지역의 꿈과 희망을 되찾고자 하는 의도가 깔려 있고, 이 책을 통해 발현되었다고 보기 때문이다. 비록 제목은 살벌한 '진주 죽이기'지만 '진주 살리기'라는 꿈을 말하고 있고, '진주를 만드는 일념'이란 희망을 이야기하고 있다.

또한 작가는 진주 역사·문화의 들꽃 같은 존재, 논개의 정체성을 밝히려 한다. 진주역사·진주문화와 더불어 논개이야기를 세세하게 톺아보며 놀라운 진주이야기를 전개하고 있다. 그동안 논개를 둘러싼 수많은 설들이 있었고 각종 의혹과 비난, 마타도어가 난무했다. 이렇듯 진주의 역사와 문화에도 수많은 설과 오해들이 있었다. 과연 무엇이 중요한가? 이 책은 여러 가지 논개에 대한 마타도어와 '진주역사문화'를 좀먹는 허상을 깨부수고 정말 중요한 것이 무엇인지 진지하게 고민하며 이야기하고 있다.

'진주정신'과 '논개정신'을 말하고 진주의 역사와 문화를 찾는 다는 것은 진주정신을 찾는다는 것과 다름없다는 점을 증명하려 했다. 진주정신은 외세의존을 청산하는 '주체(主體) 정신', 사회정의를 실천하는 '호의(好義) 정신', 차별을 물리치는 '평등(平等) 정신'을 의미하며, 이를 몸소 평생 실천한 김장하 선생의 정신이라고 하여 '김장하 정신'이라고도 부른다. 이 책은 이것을 말하고 싶었다. 진주정신이 진주이야기 속에 면면히 살아있다는 것을 보여주고 싶었다. 이렇게 진주이야기는 지금도 계속되고 있고, 화수분 같은 진주이야기를 찾아 기록하고 해석하는 작가의 작업도 멈추지 않는다. 진주정신이 살아있는 한, 아마도 김경현 작가는 자기만의 방식으로 펼치는 실험과 모험과 도전을 계속할 것이다.

* 곰단지의 다양한 문화콘텐츠사업은 경상남도가 추진하는 지역서점 및 출판문화 활성화 기획사업에 연달아 선정되는 등 그 역량을 인정받고 있습니다. 이러한 지역출판 콘텐츠 제작은 곰단지를 지역문화 플랫폼으로 자리매김하는데 일조하고 있으며, 실례로 2024년에는 진주의 역사와 문화를 비평하며 의욕적으로 내놓은 『진주 죽이기』가 경남도 지원사업에 선정되어 보조를 받아 발간되었습니다. 이어 2025년에는 '진주이야기 곰단지' 기획사업이 다시 경남도 지원사업으로 선정되어 진주이야기 책을 읽고 소감을 나누는 '진주이야기 나눔터' 및 진주이야기 문화탐방, 작가초청 심포지엄, 진주이야기 재즈콘서트 등 유익한 문화행사를 마련함으로써 독특한 문화콘텐츠를 다채롭게 선보이고 있습니다.

죽어야만 살아나는 '진짜 진주이야기'

서성룡(《단디뉴스》 편집장)
《단디뉴스》 2024년 11월 20일

    열흘 전 일하는 중에 전화가 한 통이 걸려 왔다. 김경현 씨였다. 늘 그래왔듯 용건 없이 약속을 잡았고, 며칠 후 명석면 어느 찻집에서 만났다. 옆에 놓인 스프링철로 엮인 수백 페이지 인쇄물을 보고는 경악했다. '그새 또 책을 썼단 말인가!'

    지난번 '듣도 보도 못한 진주역사'란 부제가 달린 『김경현의 진주이야기 100선』 개정판이 나왔을 때 독후감 겸 서평을 쓰기로 했는데, 게으른 천성 탓에 끝내 약속을 지키지 못했다. 따라서 이번엔 아무리 바빠도 영락없이 써야만 하는데, 표지를 보고는 한 번 더 놀랐다.

서성룡은 경상국립대 농화학과를 나와 지역언론운동에 투신했다. 시민의 신문이던 옛 《진주신문》 기자와 편집부장을 거쳐 독립언론 《단디뉴스》 편집장을 지냈다. 《진주신문》에서 연재한 토박이 진주사람들의 이야기를 모아 『내가 진주 터주대감』이란 책을 펴냈다.

세상에나 『진주 죽이기』라니! 도발적이기도 하지만 나쁘게 말하면 낚시성 제목이랄 수도 있다. 뭐가 됐든 자신감이 없으면 쉽게 붙일 수 없는 제목이다. 하지만 인정할 수밖에. 다른 사람이면 몰라도 김경현이라면 진주 문화와 역사에 대해 충분히 도발할 자격이 있지 않은가.

책은 크게 진주 역사 비평을 담은 1부와 문화 비평을 담은 2부, 그리고 논개에 관한 거의 모든 기록과 논쟁을 정리한 3부로 나뉜다. 1부와 2부는 주로 저자가 지역 언론에 칼럼으로 기고했던 진주 역사·문화 비평에 대한 해설과 재해석을 붙인 글이고, 3부는 '논개'를 중심으로 일어난 수많은 논쟁과 주장에 대해 필자가 20여 년간 수집한 수많은 자료를 근거로 하나하나 논박하고 그 의미를 재해석한 글이다.

책이 쓰인 계기는 출판사 곰단지에서 『진주이야기 100선』이 다루지 못한 진주이야기 후속편을 내자고 한 제안이었다는데, 정작 『진주 죽이기』는 이야기 100선과는 전혀 다른 결의 책이 됐다. 특히 '논개' 설화 또는 역사에 관한 거의 모든 논란과 기록을 총망라한 3부를 읽는다면 누구나 논개에 관해 준전문가가 될 만큼 근거 자료가 풍부하고 명쾌하다.

따라서 500페이지가 넘은 이 책을 굳이 처음부터 순서대로 넘길 필요는 없다. '논개 논란'이 궁금하다면 3부부터 펼치길 바란다. 진주검무를 보고 의기 논개를 떠올리며 시로 노래한 정약용도 만날 수 있고, 임란 중에 촉석루에 올라 눈물 흘렸던 이순신 장군의 탄식도 들을 수 있다. 소설가 박경리가 토지에서 언급한 의랑 논개와 박노자 교수, 친일파 모윤숙, 시인 한용운, 시대의 표상 리영희 선생이 진주와 논개에 관해 언급한 글들을 이 책을 통해 한 번에 만나 볼 수 있다.

많은 사람들이 김경현 씨에 대해 인정하고 감탄하는 이유는 웬만한 사람들은 엄두도 못 내는 방대한 사료들을 수집하고 분석해내는 능력 때문일 것이다. 『진주이야기 100선』의 기초가 됐던 옛 《진주신문》의 「이야기보따리」를 쓸 때나 『일제강점기 인명록』의 근간이 된 『명석면사』를 쓸 때 나는 저자와 가까운 거리에 있었다.

비좁은 명석면 소재의 한 아파트 한켠에 늘 짐짝처럼 쌓여있던 인쇄물 보따리 뭉치들을 보면서 솔직히 편집증 환자라고도 생각했다. 하지만 책이든 영화든 또는 그 어떤 과학적 발전이든 비범한 결과물은 결코 평범한 일상에서는 나올 수 없는 법이다.

김경현의 사료에 대한 수집과 탐구, 그리고 방대한 자료를 분석해내는 집중력은 지역신문 기자 시절, 부패한 권력의 폐부를 찔러 송사에 휘말리면서도 결코 포기하지 않았던 진실 탐구에 대한 열정이 밑거름이 되었다고 나는 확신한다. 저자의 작가 정신은 기자정신이 뿌리인 셈이다. 기자정신의 표상인 리영희 선생의 건강을 염려하며 쓴 칼럼「리영희 선생의 쾌유를 빌며」라는 대목을 보면 충분히 느낄 수 있다.

또 하나『진주 죽이기』를 탐독하며 새롭게 본 것은 김경현 씨의 '관점'이 열려 있고 진보적이라는 점이다. 특히 진주 관기였던 논개와 교방문화에 대한 서술을 보면 일각에서 제기된 고루한 가부장적인 시선에 대해 맹렬히 비판하고 있다.

이는 필자가 진주민속예술보존회 사무국장을 맡아 '의암별제'를 준비하고 기획하면서 의기 논개를 연구하고 재해석하는 과정에서 자연스레 진보적 여성주의 관점을 획득했기 때문이라 생각한다.

지역의 향토사를 연구할 때나 좌우 대립으로 상처투성이가 된 근현대사를 서술할 때도 저자는 언제나 모든 사실을 숨김없이 드러내는 것을 원칙으로 삼았고, 약자 편에 서서 역사를 기술하고자 노력했다.

저자는 논개 사후 수백 년이 지난 뒤 국가로부터 '의기'라는 칭호를 받자 수많은 문중과 단체들이 나서 논개와의 인연을 앞다투어 내세우는 현상을 지적한다. 그러면서 논개 투신의 의미에 대해 이렇게 평가한다.

"신분제에 묶여 종속적으로 살아온 노예적 삶이었지만 적장을 껴안고 몸을 던진 결단은 일순간에 자기 몸과 정신을 지배한 주인으로서 주체적 삶을 완성했다."

또한 저자는 일제강점기 진주를 찾아 예찬한 시인 김동환의 말을 빌려 "논개를 아는 것은 진주를 아는 것이요, 진주를 아는 것은 역사를 아는 것"이라고 역설한다.

김경현 씨의 글을 읽다 보면 어느새 진주 토박이로 살아온 내 자신이 부끄러워진다. 진주사람이라 자부하면서도 진주에 대해 너무 모르고 살았던 사실이 드러나기 때문이다.

마음 한켠에선 광주가 고향인 저자가 진주에 뿌리내려 지역 역사에 천착하고 집필활동을 하는 것이 천만다행이고 감사하다는 마음이 인다. 그의 노력 덕택에 억울한 주검들이 태양 아래 드러나고 말 못 하던 유족들의 한이 조금이나마 풀릴 수 있었기 때문이다.

저자는 친일반민족행위진상규명위원회 조사팀장을 거쳐 행안부 과거사관련업무지원단 전문위원으로 일하고 있다. 지난한 소송의 스트레스 때문인지, 말 많고 복잡하게 얽힌 근현대 지역사를 정리하며 받은 공격 때문인지, 아니면 자료 수집에 대한 편집증적 집중력 때문인지 건강에 문제가 생겨 한동안 지역 병원에

입원하기도 했다.

저자는 치료 회복 시간을 오히려 기회 삼아 이번 책 『진주 죽이기』 원고를 완성했다. 다행히 지금은 건강을 회복해 큰 지장 없이 일상을 영위하고 있다. 깨어있는 진주를 위해 김경현 작가의 건승을 기원한다.*

* 글쓴이는 필자가 건강문제로 입원한 것을 기회로 책을 완성했다고 말했습니다. 이에 대해 저간의 사정을 밝혀봅니다. 필자는 2023년 한 해를 시작하는 새해(구정) 벽두에 갑자기 A형 독감으로 촉발된 '패혈성 쇼크'로 인해 죽음의 문턱까지 다다랐던 적이 있었습니다. 대개의 사람들이 그렇듯이 목숨이 경각에 달릴 때 비로소 자신의 삶을 진지하게 복기하곤 합니다. 그런 것처럼 필자도 그때서야 자신의 삶을 되돌아보며 그동안 써왔던 글과 글쓰기를 복기하게 되었습니다. 그 결과물이 2024년 한 해 동안 펴낸 두 권의 책으로 나타났으며, 거기에 '되돌아봄'의 결과가 담겨졌습니다. 먼저 과거에 썼던 책을 개정·증보한 『진주이야기 100선』 발간과, 이어서 새로 쓴 『진주 죽이기』의 완성을 말합니다. 그래서인지 두 책은 진주역사와 문화를 다룬 글이지만 단순한 지식전달보다 글쓴이의 생각과 이야기가 곳곳에 보입니다. 특히 『진주 죽이기』에는 자전적 경험이 많이 녹아있고 문장의 행간마다 필자의 생각들이 은연중에 스며들어 있습니다. 당시 생각지도 못한 병원 신세는 그동안 돌보지 못한 건강을 생각하고, 아울러 지나온 삶과 글쓰기를 되돌아보는 계기가 되었습니다.

'진주정신'을 되살리다

도서출판 곰단지(출판사)
보도자료 2024년 11월 20일

김경현의 『진주 죽이기』 출간 및 출판기념회 안내*

　20일, 도서출판 곰단지에서 김경현 작가의 신간 『진주 죽이기』가 출간됐다. 이 책은 작가의 전작인 『듣도 보도 못한 진주역사, 김경현의 진주이야기 100선』의 후속편으로, '진주정신'을 되살리고 지역의 역사와 문화를 깊이 있게 탐구하는 작업이다. 김경현 작가는 이 책을 통해 진주라는 지역의 고유한 가치와 그 속에 숨겨진 이야기들을 독자들에게 전달하고자 한다.

　김경현의 새로운 도전, 『진주 죽이기』
　『진주 죽이기』는 진주의 역사, 문화, 그리고 논개에 대한 다채로운 시각을 제공한다. 김경현 작가는 이 책을 통해 잃어버린 지역의 꿈과 희망을 다시 찾고자 하며, 진주정신—외세의존을 청산하고 사회정의를 실천하는 '주체 정신'을 강조한다. 이 책은 과거의 이야기를 단순히 나열하는 것이 아니라, 현재와 연결해 독자들이 진주를 새롭게 이해할 수 있도록 돕는다.

  작가는 진주가 가진 독특한 정체성과 그 역사적 맥락을 깊이 있게 탐구하며, 그곳에서 살아가는 사람들의 이야기와 그들이 겪어온 사건들에 주목한다. 이 책을 통해 독자들은 진주의 다양한 모습과 그 속에 숨겨진 의미를 발견하게 될 것이다. 특히, 논개에 대한 세세한 분석은 그동안 잘 알려지지 않았던 진주의 숨은 이야기들을 밝혀내며, 독자들에게 새로운 통찰을 제공한다.

  작가 김경현, 진주를 사랑하는 이야기꾼

  김경현 작가는 경북 안동에서 태어나 대구와 광주를 거쳐 진주에서 많은 시간을 보냈다. 경상국립대에서 사회학을 전공하고, 이후 지역의 역사와 문화를 탐구하며 진주의 구석구석을 누비며 자료를 수집해온 그는, 진주에 대한 깊은 애정을 바탕으로 여러 칼럼과 비평을 발표해왔다. 그의 글은 언제나 따뜻하고 진솔하며, 독자들에게 진주를 사랑하는 마음을 전하고, 그 속에서 새로운 발견과 감동을 경험할 수 있도록 이끌어준다.

  김경현 작가는 자신의 글을 통해 단순히 정보를 전달하는 것이 아니라, 독자들과의 감정적인 연결을 이루고자 한다. 그의 문장은 마치 친구와의 대화처럼 부드럽고 친근하게 다가온다. 그는 독자들이 진주에 대한 애정과 관심을 느낄 수 있도록, 진주라는 지역의 역사와 문화를 생생하게 풀어낸다. 또한, 자신의 경험과 감정을 담아내어 독자들이 그의 이야기에 몰입할 수 있도록 유도

한다.

 조세열 민족문제연구소 상임이사는 추천의 글에서 "실사구시(實事求是)와 법고창신(法古創新)을 화두로 박제화한 역사가 아닌 살아있는 역사를 발굴하고 기억과 기록을 위해 분투하고 있는 김 선생에게 격려의 박수를 보낸다"라고 밝힌다. 또한 『줬으면 그만이지』 저자인 김주완 작가는 "그는 또한 탁월한 이야기꾼이며 문장가였다. 흔히 역사라면 건조하고 딱딱한 사실의 나열만을 생각하기 쉬운데, 이 책에서는 진주라는 지역과 그 역사 속 인물들에 대한 저자의 뜨거운 애정과 무한 상상력을 느낄 수 있었다"라고 총평에서 이야기했다.

 출판기념회, 특별한 만남의 시간
 김경현 작가의 『진주 죽이기』 출판기념회는 30일 진주문고 2층 여서재에서 열린다. 이 자리에서는 작가와의 대화가 진행돼, 독자들과의 소통을 통해 책에 대한 깊은 이야기와 진주에 대한 다양한 생각을 나누는 소중한 시간이 마련될 예정. 작가와의 직접적인 만남을 통해 진주에 대한 사랑과 꿈을 함께 나누는 기회를 놓치지 않길 바란다.

 출판기념회에서는 작가가 책을 집필하며 느낀 점과 진주에 대한 애정을 직접 들을 수 있는 특별한 시간이 마련된다. 독자들이 궁금해하는 질문에 대한 답변과 함께, 책에 담긴 내용에 대한 깊이 있는 토론이 이뤄질 것이다. 이런 기회를 통해 독자들은 김경현 작가와의 소통뿐만 아니라, 진주에 대한 새로운 인사이트와 감동을 얻을 수 있을 것이다. (김경현 저, 도서출판 곰단지 발행, 가격 22,000원)

* 『진주이야기 100선』 북토크와 『진주 죽이기』 출판기념회 때 발표한 프레젠테이션(PPT) 자료는 필자의 둘째 딸 김성주 양의 도움으로 만들었는데, 미술교육 전공자답게 시각교육적으로 만들어주어 진주이야기를 효과적으로 잘 전달할 수 있었습니다.

『진주 죽이기』는 꽤 논쟁적인 이야기*

김주완(작가, 전 기자)
페이스북 2024년 11월 20일

김주완 : 김경현의 『진주 죽이기』? 꽤 논쟁적인 이야기를 담고 있는 책이다. 기생은 그냥 창녀인가, 예술인인가? 또한 기생은 민중인가, 아니면 귀족에 빌붙어 민중의 반대편에 섰던 특수한 계급인가? 그들이 갈고 닦아 전승한 문화예술은 양반 권력의 향락과 비위를 맞추기 위한 아양에 불과한 것일까, 아니면 독자적인 예술성을 가진 하나의 장르로 볼 수 있을까? 그러면 서양의 클래식은? 오페라는? 특히 이 책은 의기 논개에 대한 모든 논쟁을 총망라하여 집중 조명하고 있다. 논개는 실존인물인가, 민중의 염원과 구전이 빚어낸 가상인물인가? 역사적 근거가 박약하다면 더 이상 그를 기리거나 추앙해선 안되는가? 우리의 기억에서도 지워버려야 하는가? 그러면 그리스·로마신화는? 박혁거세나 김수로, 김알지는? 나는 이 책을 통해 이런 의문을 대부분 해소할 수 있었다. 30일 진주문고에서 북토크가 열리는데, 아쉽게도 나는 다른 일

정으로 참석하지 못한다. 이런 궁금증을 해소하고 싶은 분이라면 참석해보시기 바란다.

성순옥 : 선배님이 살짝 언급하신 아미(蛾眉) 논쟁 들었습니다.^^ 《경남도민일보》칼럼이라 읽은 내용도 많으시죠?

김주완 : 네. ㅎㅎㅎ

Jonghun Kim : 진주와 관련된 역사적, 문화적 논쟁을 다룬 김경현 작가님의 『진주 죽이기』는 정말 중요한 질문을 던지는 책인 것 같습니다. 특히 기생문화를 단순히 부정적으로 볼 것이 아니라, 그 안에 담긴 예술성과 문화적 가치를 재평가할 필요가 있다는 점에 깊이 공감합니다. 논개를 비롯한 진주의 역사적 인물과 전통은 단순히 과거의 유물이 아니라, 오늘날 진주의 정체성과 문화적 자산을 지탱하는 뿌리가 아닐까요? '진주 죽이기'가 아닌 '진주 살리기'의 관점에서, 우리가 이 유산들을 어떻게 계승하고 새롭게 해석할지에 대해 더 많은 대화가 이루어졌으면 좋겠습니다. 북토크에 참석하지 못하는 점이 아쉽지만, 이 책을 통해 더 깊이 생각해보겠습니다. 감사합니다.

김주완 : 의미를 잘 짚어주셨네요. 선생님도 그날 참석 못하시는군요.

Jonghun Kim : 선약이 있습니다. 창령 우포에서 '환생교' 모임이…. '환경과 생명을 지키는 교사들!!!'

이종태 : 책은 안 읽었지만 논개에 대한 이야기인 것 같네요. 한 지역 역사나 인물에 대한 책을 내고 북토크까지~~. 지역에 대한 큰 자부심이 느껴집니다. 경상대학교에는 청담사상연구소(?)까지 있던데요. 진주에는 현재 김장하 어른도 계시고 청담, 성철 스님 등 대단한 인물들이 많아 자랑할만합니다.^^

오용환 : 『진주 죽이기』! 새로운 시각에서 바라본 책이군요.

Jinjoo Kim : 제목 보고…. 헉! 했네요. - 진주

* 김주완 작가는 현재 '유명작가'이지만 그 전부터 이미 '파워블로거'로도 이름이 높습니다. 그가 운영하는 페이스북에는 많은 사람들이 '친구맺기'를 통해 서로간의 의견을 주고받으며, 다양한 생각을 표출하는 '공론의 장'을 만들어가고 있습니다. 그간 심심치 않게 논쟁적인 화두가 올라왔고, 그중에는 기생에 대한 논쟁도 있었습니다. 김 작가가 『진주 죽이기』를 페이스북에 언급하며 논쟁적인 이야기로 기생에 대한 논란을 꺼냈는데, 이 부분에 대해서는 필자의 원고를 사전에 읽어본 김 작가가 카카오톡을 통해 필자와 의견을 주고받은 바 있습니다. 김 작가와 주고받은 카톡 내용은 뒤에 나오는 이 책 제3부에 게재했습니다.

'전라도 사투리 쓰는 진주사람' 김경현

최재성(역사학자)
페이스북 2024년 11월 25일

  20년 전 '친일청산' 대열에서 '동지'로 만났던 김경현 선생이 최근 저서를 펴냈다. 『진주 죽이기-김경현의 역사·문화·논개 비평』이 그것이다. 연초에 나왔던 『듣도 보도 못한 진주역사, 김경현의 진주이야기 100선』에 이어 올들어 두 번째이다. 이 두 책은 김경현이 바라본 진주의 역사를 담고 있다.

  『진주 죽이기』는 저자가 20여 년 전에 썼던 옛글과 최근 덧붙인 글이 반반 정도로 수록되었다. 20여 년 전에 썼던 옛글이란 지역 신문과 축제 소식지 (또는 기관지) 등에 게재한 글을 말하는데, 그 '옛글'에 근래 다시 해설을 붙였다.

최재성은 성균관대 사학과를 거쳐 같은 대학원 사학과에서 박사학위를 취득했다. 대통령소속 친일반민족행위진상규명위원회에서 일했으며, 성균관대를 비롯해 가천대, 청암대에서 연구교수를 지냈다. 주요저작으로 『식민지 조선의 사회 경제와 금융조합』이 있으며, 고향 '여수'의 근현대사를 집중적으로 다룬 지역학 연구서로 『제국의 시간, 식민의 공간』이 있다.

진주역사 죽이기(제1부), 진주문화 살리기(제2부), 논개를 위한 변명(제3부)으로 구성된 이 책에서 핵심어는 진주정신, 저항, 평등, 논개, 강상호, 기생, 백정, 죽이기, 살리기, 역사, 문화로 추릴 수 있다. 김경현이 꼽은 진주정신은 저항과 평등이다.

저항의 상징은 기생 논개이다. 논개는 널리 알려졌다시피 임진왜란 진주성 전투 때 왜장을 안고 남강에 몸을 던졌던 기생이다. 평등의 표상은 강상호인데, 그는 1920년대 백정의 신분 차별 철폐 운동을 벌였던 인물이다. 그래서 외세에 저항한 논개와 인간 평등을 외친 강상호는 의로운 인물이다.

김경현은 진주를 대표하는 의로운 인물들의 정신이 죽었다고 일갈했다. 그것이 제1부 25개 꼭지에 담겨있다. 그러니까 '진주역사 죽이기'는 진주역사를 '죽이자'는 선동이 아니라, 이미 '죽었다'는 진단이다. 그래서 이제 다시 의로운 정신, 진주정신을 되살려야 한다. '진단'을 했으니, '처방'을 해야 한다.

그 처방은 '진주문화 살리기'이다. 그 내용을, 김경현은 제2부 12개 꼭지에서 역설했다. 제3부는 논개를 둘러싼 오해와 폄훼에 대해 반박하는 성격의 글이다.

이제 그는 1~2년이 지나면 현직에서 은퇴할 것이다. 성실하고 꼼꼼한 그에게 은퇴는 새로운 기회가 될 것이다. '전라도 사투리 쓰는 진주사람' 김경현이 그때쯤 어떤 이야기보따리를 풀어놓을지 기대된다.

* 최재성 박사는 지역사 연구에도 관심이 높아 비단을 짜는 직조공처럼 20여 년의 오랜 시간과 많은 공을 들여 씨줄과 날줄로 엮은 여수 이야기를 『제국의 시간, 식민의 공간』이란 지역학 연구서로 펴냈습니다. 이 책에서 최 박사는 "역사를 날실과 씨실로 천을 짜고, 천 위에 무늬를 더하거나 얼룩이 묻는 일에 비유해서 생각해 보곤 한다"라고 이야기하며 그 실을 뽑는 원산지로 자신의 고향인 여수를 선택했습니다. 이 책에 대한 《남해안신문》 2025년 7월 9일자 서평을 보면, "최재성 작가의 역사 서술은 학문과 실천, 중앙과 지역, 구조와 개인을 잇는 가교다. 여수라는 한 도시의 이야기를 넘어, 우리 모두의 삶 속에 스며든 '제국의 시간'을 되돌아보게 하는 거울 같다"라고 평했습니다. 그러면서 "지금껏 소외된 기억에 귀 기울이고, 왜곡된 역사에 맞서며, 끊어진 서사를 복원해온 그의 노력에 박수를 보낸다"라고 응원했습니다. 이러한 최 박사와 필자는 사실 오랜 기간에 걸친 인연을 갖고 있습니다. 한때 친일반민족행위진상규명위원회에서 함께 활동했던 '동지(同志)'이며 동시에 역사 연구의 '동학(同學)'으로서 지역사에 대한 안목도 남다르지 않아 각자 자기 지역에서 사례연구의 대상을 찾았습니다. 이렇듯 두 사람이 지역사를 기술해 펴낸 결과물은 뭔가 통하는 것이 있어 서로간에 느끼는 감회도 크게 다르지 않습니다. 그가 낸 책이나 필자가 낸 책은 고리타분하고 식상한 향토사 편찬의 전형적인 틀을 뛰어넘어 지역학 연구의 새로운 시도를 보여주는 것이라고 생각하고 있습니다. 단지 최 박사의 지역사가 학문적 연구에 가깝다면 필자의 지역사는 비평적 성격에 가깝다고 할 수 있습니다. 그렇지만 역사 연구의 출발점을 지역으로 삼고 각자의 위치에서 시작하고 있다는 점에서 이심전심으로 통하는 지역학 연구의 동학이기도 합니다. 따라서 두 사람의 책은 여수나 진주라는 한 지역에 대해 그저 그렇고 그런 이야기를 그럴 듯하게 포장하고 재탕한 것이 아니라 제대로 된 지역사의 가치와 중요성이 무엇인지를 보여주는 새로운 시도라고 할 수 있습니다. 이는 곧 우리에게 삶의 뿌리와 인간의 회귀가 어디에서 비롯된 것인지를 되돌아보게 하는 단초를 제공하고 있습니다. 마찬가지로 그가 여수의 이야기를 담은 『제국의 시간, 식민의 공간』을 발간한 이후 앞으로 어떤 이야기보따리를 풀어놓을지 필자도 매우 궁금해 하며 후속작을 기다리고 있습니다.

『진주 죽이기』라 했지만 오히려 더 살려냈다

윤성효(《오마이뉴스》 기자)
《오마이뉴스》 2024년 11월 27일

 '자살'이라는 단어를 여러 번 반복하면 나중에는 '살자'로 들리 듯, 김경현 작가의 '진주 죽이기'는 다소 저돌적이기는 하나 '진주 살리기'로 읽힌다. 책 『진주이야기 100선』을 냈던 그가 이번에 새로 『김경현의 역사·문화·논개 비평, 진주 죽이기』(곰단지 간)를 펴냈다.

 20여 년 전부터 (대학) 신문에 썼던 글에다 지금의 생각까지 더해 510여 쪽에 걸쳐, 경남 진주(晉州)의 역사와 문화, 그리고 논개에 대해 재미나기도 하고 독특하면서 비판적인 해석을 해놓았다.

 진주에 살았던 선조들은 수천 년 동안 엄청난 역사적 문화유

윤성효는 경상국립대 법학과를 거쳐 같은 대학원 법학과에서 수학했다. 지역언론에 투신해 옛 《진주신문》 기자와 편집부장을 지냈고, 《오마이뉴스》 상근기자로 부산·경남 취재를 담당했다.

산을 이루어왔지만 근래 들어서는 '파괴'되었다는 게 김 작가의 견해다. 가령 우리나라 최대 고고학적 성과로 평가받는 남강선사유적이 댐 건설로 물에 잠기고 "겨우 건져낸 그 엄청난 유물은 보관할 장소가 없어 전국에 흩어져 버렸다"는 것이다.

또 그는 "진주지역 곳곳에 널려있는 가야시대 고분들 역시 모조리 도굴로 파괴되고 그 유물은 팔려 갔다"고 했다. 가야시대 무덤인 진주 수정봉·옥봉고분군이 1974년 경남도기념물로 지정되기는 했지만, 김해·함안·고성 등 여러 가야고분군이 2023년 9월 유네스코 세계유산에 등재될 때 진주는 끼어들지도 못했던 것이다.

김 작가는 "임진왜란 3대 대첩지로 유명한 진주성에서 느껴지는 반외세 저항정신은 하나도 없다"라고 했고, "여인의 힘으로 조선의 자존심을 지킨 논개의 사당은 일개 개인의 재실보다 볼품없다"라고, "엄장하고 정통성을 지닌 유서 깊은 논개 제향인 '의암별제'는 정통성 없는 논개제 때문에 제자리를 못 찾고 있다"라고 말했다.

진주농민항쟁, 형평운동, 진주-삼천포12차농악, 개천예술제를 거론한 그는 "조선시대 최초의 본격적인 농민항쟁은 아직도 '진주민란'으로 낙인찍혀 있고, 민족사학이 세운 옛 금성초교 건물은 백화점을 짓기 위해 부서졌다"라고, "진주-삼천포12차농악은 진주농악이 아니라는 몰역사성으로 인해 진주에서 쫓겨났다"라고, "지방예술제의 효시가 되었던 개천예술제는 발전을 거부한 채 문화기득권에 의해 동네 축제보다 못한 야시장으로 전락했다"라고 설명했다.

김 작가는 진주의 여러 역사, 문화를 '진주정신'이라는 눈으로 들여다보기도 했다. '진주정신'은 왕한테 입바른 소리를 했던 남명 조식 선생을 비롯해, 임진왜란 진주성싸움, 진주농민항쟁, 형평운동 등에서 나타난 정신을 말한다.

김장하 이사장은 이를 "외세의존을 청산하는 '주체(主體)', 사회정의를 실천하는 '호의(好義)', 차별을 물리치는 '평등(平等)'을 의미한다"로 정의하기도 했다고 이 책에서 소개해 놓았다.

근래 시민운동으로 일어나 시민들이 바라는 대로 이루어냈던, 친일화가 김은호의 '미인도 논개 복사본(일명 논개영정)'을 의기사에서 강제로 뜯어냈던 '거사', 친일행적이 뚜렷한 가수 남인수의 이름을 딴 가요제에 시민혈세를 지원해오다 없앴던 성과도 진주정신의 실천으로 풀이할 수 있다.

조선왕조의 마지막 어용화가로 순종의 어진을 그렸던 김은호는 일제강점기 때 조선 부녀자들이 일본군 장성한테 금비녀를 헌납하는 광경의 〈금차봉납도(金釵奉納圖)〉를 그린 친일부역화가였다. 김은호의 〈미인도 논개〉는 옷이나 머리모양의 고증도 엉터리였다. 김 작가는 "논개사당에 걸린 친일화가의 영정은 논개의 순결한 영혼을 암세포처럼 갉아먹고 있다"라고 했다.

고 박노정 '진주정신지키기모임' 대표를 비롯한 시민사회단체 인사들이 2005년 5월 10일 의기사에서 '가짜 논개영정'으로 불리었던 김은호 작 '논개 복사본'을 뜯어냈다. 이를 계기로 논개 순국지 진주시와 출생지 장수군이 힘을 합쳐 '논개 표준영정 공모'를 해 윤여환 교수(충남대)의 작품이 정부 심의 과정을 거쳐 선정되어 2008년 5월 '논개제' 때 의기사에 봉안되었다.

이름 '최창수', '강문수'보다 예명이 더 잘 알려진 '남인수'에 대해, 김 작가는 "고향 진주에서 여러 차례 남인수가요제가 열리거나 시도되었지만 시민의 반대로 무산되었다"라며 "혹자는 남인수에겐 좋은 노래도 많은데 굳이 부정적인 노래를 들추어낼 필요가 있느냐고 지적한다. 극악한 친일가요와 선동성이 선명한 군국가요를 애써 모른 체 하는 것은 잘못"이라고 강조했다.

김 작가는 진주 역사 인물 중에 '논개'를 가장 흠모한다고 할 정도로 깊이 있는 분석을 해놓았다. 김 작가는 "정말 대단한 찬사이고 비유이다"라고 표현하면서 파성 설창수(薛昌洙, 1916~1998) 시인이 했던 말을 소개해 놓았다.

"설창수는 논개를 기리면서 "임란에서 '남(男) 충무, 여(女) 논개'로 치면 망발일까. '공(功) 충무, 의(義) 논개'로 친다면 그다지 망발될 것 있으랴"라고 말한 적이 있다. 그는 임진왜란의 영웅 이충무공과 논개를 견주어 남자 중에 이순신이 있다면 여자 중에는 논개가 있다는 뜻으로 '남 충무, 여 논개'라 말하고, 또 공으로 치면 이순신이 있고 의로 치면 논개가 있다는 뜻으로 '공 충무, 의 논개'라고 말했다."

논개 관련한 여러 글과 주장들을 소개한 김 작가는 "논개의 죽음이 국가와 민족을 위한 숭고한 희생이든지, 나라를 위해 충정을 보여준 표상이라든지, 또는 남편의 원수를 갚고자 순절했다든지, 심지어 자신의 정조를 지키기 위한 불가피한 선택이었다고 해도 무슨 상관이겠느냐"라며 "제발 그녀의 죽음을 모독하거나 반대로 광신하거나 혹은 기생이라고 성적 대상화로 희롱하거나 상처 내는 2차 가해와 같은 짓은 그만두어야 한다"라고 했다.

진주의 역사·문화·인물을 '살리기' 위한 눈을 가진 김 작가는 "사라진 전설을 찾아 남강의 물살을 헤치며 수몰지 위를 거슬러 올라 의암을 휘감고 흐르는 거친 역사의 물줄기부터 진양호의 심연에 잠긴 수몰된 마을까지 운명적인 사람들의 사연을 건져 내려고 한다"라며 "앞으로 진주사회도 좀 더 맑고 밝은 세상으로 나아가고 그럴 때마다 매일 밤 꿈꾸듯 재밌고 따뜻한 동화가 들려주는 위안과 같이 행복을 느낄 것이라고 상상해 본다"라고 전했다.

경상국립대 사회학과를 나온 김경현 작가는 옛《진주신문》기자를 거쳐 친일반민족행위진상규명위원회 조사3팀장, 행정안전부 과거사관련업무지원단 전문위원을 지냈으며, 책『진주이야기 100선』,『명석면사』,『일제강점기 인명록Ⅰ-진주지역 관공리·유력자』,『민중과 전쟁기억-1950년 진주』를 펴냈다.

책 출판을 기념해 김 작가와의 대화가 오는 30일 오후 진주문고 2층 여서재에서 열린다.

『진주 죽이기』 북토크에서 언급된 『진주이야기 100선』

김경현(저자)
북토크 2024년 11월 30일

"[전략] 여러분! '진주사람?' 이런 말 많이 들어봤잖아요! 진주사람은 누구를 말하는 것일까? 태어나는 사람? 출생? 아니면 오래 산 사람? 거주한 사람? 아니면 뭐 진주에서 많은 어떤 시간을 보내는 사람? 마지막으로 '나는 진주사람!'이라면, 진주정신을 갖고 있는 사람? 이런 논란을 가지고 봤을 때 과연 '진주사람'은 누구인지? 그러면 ('진주사람'이란 진주정신을 갖고 있는 사람이라고) 이렇게 생각할 수 있겠습니다. (그런데) 이 자리에서 말하는 분의 말투가 좀 이상하죠? 예…. 저는 진주에서 태어나지도 않았고요. 진주에서 자라나지도 않았고, 단지 진주에서 공부했습니다. 대학교를 경상국립대학교를 나오고 그 경상국립대학교를 박사과정으로 수료했고…. 학교만 다녔어요. 대학원, 대학교. 그러다 보니까 제가 자랐던 곳은 전라도…. 전라도 광주인데요. 그러면 인제 전라도에서 태어난 사람[사실 필자는 경북 안동 태생이고 본적은 대구이다.]이 진주의 역사를 정리하고 진주역사에 대해서, 진주문화에 대해서 이야기하고, 뭐 (이렇게) 하는 건 좀 이상하다? 이런 생각을 좀 했을 겁니다. 이 부분에 대해서는 왜 제가 (이상하지만 진주이야기를 하는 것이) 가능했는지를 설명드리겠습니다.

일단 제가 먼저 썼던 진주이야기, 진주역사는 1998년도에 썼던 초간본『진주이야기 100선』입니다. [단상의 화면을 가리키며] 약간 허접한 (장면으로) 앞에 있는 (PPT 스크린에 나온) 사진이 보이죠? 그 사진이 진주문화원에서 1998년도에 냈던 최초의『진주(이야기) 100선』책입니다. 이게 25년 만에, 이번에, 24년도 1월달에 증보판으로 다시 나왔습니다. 그래서 25년 전『진주이야기 100선』하고 올해 초에 나온『(김경현의) 진주이야기 100선』은 그 구성이 똑같습니다. 그러나 내용에 있어서는 25년간 세월의 변화상을 담았고, 그다음에 제 생각을 또 담았고, (그렇게) 해서 25년 전에 초간본을 보신 분들은 (그 내용이 부실해) 많은 실망을 하게 될 겁니다. 왜 그러냐 하면, (25년 전) 내용은 부실하고…. 그러나 이번에 썼던 것은 많이 보완이 됐다고 생각했습니다다만은 그래도 부족한 점이 좀 있었습니다.

예를 들면 제가 25년 전에는 진주에 있었습니다. 그러나 지금 25년이 지난 현재까지는 서울, 세종 (등)…. 이쪽으로 왔다 갔다 하면서 그쪽에서 일을 하다 보니까, 현장을 떠나있다 보니까 현장감이 좀 떨어졌어요. 그래서 100가지 이야기 중에서, 하나 고백하자면 '진주의 사직단'이 있습니다. (즉) 사직단 이야기가 있는데, 그 사직단에 대해서 잘 썼는데 사직단의 변화된 마지막 모습을 쓰지 못했어요. 곧바로 사직단이 발견이 됐습니다! 근데 저는 그것을 몰랐어요. 현장에 없다 보니까. 그것이 달성서씨 문중산에서…. (장소는) 상봉동에 있는데 그 (사직단) 기단이 발견된 거죠. 사직단 형태는 없고요. 그냥 돌덩어리가 나와서…. 경남도에서 와서 조사해보니까 사직단이 맞다고 그랬어요. 그래서 (지금은) 경남도 기념물(제291호)로 지정이 되었습니다. 그 부분을 제가 (책에) 반영하지 못했습니다. 이런 부분은 역사와 문화를 조사하고 쓰는 사람에 있어서는 바로 (현장) 답사를 해야 되고, 그냥 탁상에 앉아서 문헌만 보고 (글을) 써서는 안 된다는 중요한 교훈을 저한테 줬다고 생각합니다. [하략]"*

* 2024년 11월 30일 오후 7시부터 진주문고 여서재에서 1시간 30분가량 필자는 저자로서 『진주 죽이기』에 대해 북토크를 진행했습니다. 이 글은 《단디뉴스》에서 촬영한 북토크 동영상 가운데 일부분에 대한 것으로 녹취를 풀어 본 것입니다. 녹취록의 입말과 구어체에서 생략된 말은 괄호 안에 적절한 단어를 넣어 저자의 말과 문장이 부드럽게 연결되도록 했습니다. 그런데 저자가 외지인이지만 진주에 와서 역사·문화에 대해 이야기할 수 있었던 가장 큰 이유를 설명한 부분이 '하략'으로 생략되어 있어 아쉽습니다. [해당 육성녹음이 나오는 추가 동영상이 없었음] 그래서 그 부분에 대해서는 이 책 제3부의 마지막에 수록한 필자의 글 「김경현의 '진주사람 되기'」로 대신하고자 합니다. 원래는 생략된 부분을 보충하는 의미에서 쓴 글이지만 결과적으로 이 책에 대한 필자의 소회를 최종적으로 정리하는 글이 되었습니다.

"진주의 숨은 이야기 계속 캐낼 터"

박보현(《단디뉴스》 기자)
《단디뉴스》 2024년 12월 2일

지난 30일 진주문고에서 김경현 작가의 『진주 죽이기』(김경현의 역사·문화·논개 비평) 책 이야기 마당이 열렸다. 이 자리에는 월간《곰단지야》필자들과 시민 등 약 30명이 함께했다.

이날 행사를 주관한 이문희 곰단지 출판사 대표는 "『진주 죽이기』는 지난 1월 『듣도 보도 못한 진주역사, 김경현의 진주이야기 100선』의 후속편으로 김경현 작가가 진주 역사에 대해 쓴 칼럼과 단상을 엮어 재구성하였다"라고 설명했다.

김경현 작가는 "올해 두 권의 책을 세상에 내놓을 수 있어 기쁘고, 이 책이 나오기까지 수고해 주신 모든 분에게 감사를 전한다"라고 말하며 이야기를 시작했다. 먼저, 김 작가는 질문을 던졌다.

박보현은 경상국립대 원예학과를 나와 환경운동을 했으며 이화여대 대학원에서 자연환경관리학을 전공했다. 《단디뉴스》 기자를 지냈으며, 여성운동에 참여했다.

"여러분, 진주사람은 누구를 말하는 걸까요? 진주에서 태어난 사람? 진주에서 거주하는 사람? 진주에서 오랜 시간을 보낸 사람? 진주정신을 갖고 실천하려는 사람?"

그는 1985년 학업을 위해 이방인으로 진주에 오게 되었지만 지금껏 역사를 기록하는 일에 몰두하게 된 것은 진주만의 특별한 정신을 느꼈기 때문이라고 말했다. 그는 "임진왜란 당시 진주시민 대첩에서 보여준 민중들의 저항정신과 천대받던 기생의 신분이었지만 논개가 보여 준 용기의 몸짓, 전국 농민운동의 시발점이 되었던 진주농민항쟁에 흐르는 정신, 이 모든 것들이 이어져 오늘의 진주를 있게 한 것"이라고 설명했다.

그러면서 "이를 몸소 평생 실천한 김장하 선생의 정신이라고 해도 과언이 아니라며 '김장하 정신'이라고 부르고 싶다"고 했다. 또한 "진주정신은 진주의 역사 속에서 면면히 살아있다는 것을 보여주고 싶었다"라고 설명했다. 그는 선소들이 피와 땀으로 일군 '진주정신'이 사라지는 것을 안타까워했다.

몇 해 전 진주시에서 붙인 '명품 도시' 진주라는 말은 "마치 고급 브랜드로 보이기를 바랐겠지만, 오히려 이 말은 진주가 가진 고유의 정신을 훼손하는 것으로 보인다"라며 차라리 '명품 도시'나 '유네스코 창의 도시' 등 이런 억지 상표를 떼어 버리고 고유의 '역사·문화가 담긴 진주정신'이라고 해야 옳을 것"이라고 주장했다.

 마지막으로 그는 지금은 진주를 떠나 서울과 세종에 있지만 유유히 흐르는 남강을 바라보며 늘 이런 생각에 잠긴다고 말했다.

 "지금은 남강댐의 물 조절 때문에 의암바위가 많이 소용돌이치지는 않지만 예전에는 의암바위 주변은 굉장히 거칠게 소용돌이치고 수심도 매우 깊었습니다. 그 소용돌이를 가만히 보고 있노라면 바로 임진왜란 때 민초들이 보여준 저항정신과 닮았다고 생각합니다. 또 남강을 거슬러 대평면으로 올라가면 남강댐이 들어서면서 선사유적이 물에 잠기며 역사의 흔적이 사라졌어요. 그 속에 담긴 수몰민들의 사연 또한 얼마나 많겠습니까? 앞으로도 저는 그 너머에 숨겨진 이야기를 계속 캐내는 작업을 계속 이어가려고 합니다."

 진주정신이 살아있는 한 그의 작업은 계속될 것이다. 『진주 죽이기』라는 책 제목과 반대로 그는 진주의 역사와 문화를 죽이는 모든 것에 저항하고자 이 책을 발간했다. 시련 속에서 더욱 빛나는 진주처럼 그는 기꺼이 죽음의 씨앗을 뿌려 진주정신이 다시 일어나기를 간절히 바라는 것이 아닐까.

〈당신의 저녁〉 방송에서 『진주 죽이기』를 말하다

남두용(《MBC경남》 아나운서) / **이문희**(도서출판 곰단지 대표)
《MBC경남》 2024년 12월 3일 녹음(12월 16일 방송)

남두용 : 네. 진주에 소재하고 있는 출판사 곰단지. 진주 지역의 이야기, 또 진주 사람들의 이야기, 또 지역의 고유한 이야기를 담아낸 책들을 출간해 오고 있습니다. (〈당신의 저녁〉 방송프로그램의) '오늘 이 사람' (코너)에서는 오랫동안 글 쓰는 사람으로 살았고, 또 시인이기도 한 이문희 곰단지 대표를 모셨습니다. 어서 오십시오.

이문희 : 예, 안녕하세요.

남두용 : 예. 반갑습니다. 세가 보니 출판사 이름이 곰단지군요. 그냥 푸근한 느낌도 들고요. 곰단지가 뭐지? 꿀단지도 아니고…. 왜 이렇게 이름을 지으셨습니까?

이문희 : 하하. 어…. '미련 곰퉁이'라는 말을 많이 쓰잖아요?

남두용 : '곰퉁이'라고 합니까? 저희는 '곰탱이'라고 했었는데 어

남두용은 홍익대 역사교육과를 나왔으며, 방송에 입문해 《진주MBC》를 거쳐 《MBC경남》에서 아나운서를 지냈다. TV방송으로 〈뉴스데스크〉 경남뉴스와 라디오방송으로 〈당신의 저녁〉 등을 진행했다.

릴 때부터….

이문희 : 뭐 지역에 따라서 조금씩 다른데요. 근데 어느 지역에서는 '미련 곰단지'라고도 많이 하고….

남두용 : 아. 그렇군요.

이문희 : 예. 그래서 미련할 정도로 인제 한 가지를 꾸준히 해오신 분들을, 그런 이야기를 담고 싶다라는 의미로….

남두용 : '미련 곰퉁이'·'(미련) 곰탱이'는 솔직히 그냥 미련하다는 의미가 더 많은데, 여기서의 곰단지는 그런 뜻은 아니라 뭐 하나를 꾸준하게, 진짜 미련하게 계속 그것만 하시는 분들…. 약간 긍정의 이미지도 있는 것 같아요. 어찌 보면.

이문희 : 예. 그렇죠.

남두용 : 그거를 왜 이름으로 하고 싶으셨어요?

이문희 : 예. 사실 출판사를 만든 분은 따로 있고요. 저는 인제 중간에 제가 (출판사를 인수)받아서 하는 거고….

남두용 : (도중에) 끼어들어오셨어요? 하하! (출판사) 이름은 사실상 우리 이문희 대표님이 지으신 건 아니었고, 원래 처음에 만드신 분이 그렇게 말씀하시던가요? 그냥 (그렇게) 우리가 미련하게 우리 진주 지역에서….

이문희 : 그때는 이제(처럼) 진주는 아니었는데, (부산에 있던 그분이) 그런 이야기를 담고 싶다라고 말씀하셨었죠.

남두용 : 하여튼, 어쨌든 묵묵하게 우리 주변의 이야기들을 책으로 한번 담아내 보자, 이런 의미군요. 그러니까 지역에

서 출판하시는 분들, 뭐 대개는 당연히 책을 좋아하시니까. 늘 책과 함께하신 분들, 그러니까 이제 그 필요성에 대해 누구보다 잘 알고 계시고 이런 분들이 보통 (일을) 하십니다. (그러면) 대표님은 책과 인연이라고 해야 될까요? 아니면 뭐 출판과 인연? 그걸 좀 듣고 싶은데요.

이문희 : 책은 어려서부터 그냥 친구고 옆에 늘 있는 존재…. 그리고 사실 책 좋아하시는 분들이 다른 취미나 이런 것들이 많이 없는 분들이 많아요.

남두용 : 네, 네. 그거 읽기도 바쁘시잖아요?

이문희 : 하하. 그것만으로도 충분히 재미 있었어요.

[중략]

남두용 : 그러시군요. 특별한 의미가 있는 곰단지에서 출간했던 책이 있죠? 몇 가지 좀 소개해 주신다면? [남두용 아나운서는 방송하기 전에 《곰단지야》를 미리 훑어보았음.]

이문희 : 지금 제일 저희가 공들이고 있는 책은 진주 콘텐츠를 시리즈처럼 요렇게 (진행해요….)

남두용 : 역사인가요?

이문희 : 역사·문화 (시리즈죠.) 그래서 처음에 냈던 책이 정동주 선생님의 『진주문화사 이야기』….

남두용 : 『진주문화사 이야기』?

이문희 : 네. 네. 그리고 그다음이 이제 김경현 작가의 『진주이야기 100선』….

남두용 : 아! 제가…. 저도 그분을 개인적으로 (잘) 압니다. 제가

진주MBC 시절에, 제가 라디오 방송하면서 많이 모셨던 인터뷰이 중의 한 분이시고요. 그분이…. 그분 맞잖아요? 민족문제연구소에서 (활동하던)….

이문희 : 네. 맞습니다.

남두용 : 『친일인명사전』편찬하셔가지고, 지역에서 그때 여러 가지 말씀을 들었는데, 그분이 책을 내셨어요? 곰단지에서 책을 내신 거군요. 어떤 겁니까?

이문희 : 올 초 1월에『진주이야기 100선』이라고…. 예전에 진주문화원에서 나왔던 책이긴 한데 그때는 유통을 안 했었대요. 유통을 안 했었는데(도) 찾는 분이 워낙 많아가지고 (곧 절판되었지요)…. 근데 세월이 많이 지났으니까, 내용을 많이 보완하고 해서 개정·증보판으로 올 초에 냈고요. 그리고 또『진주 죽이기』라는 책이 올해 나와가지고….

남두용 : 아! 제목이 너무 도발적인데요!

이문희 : 하하…!

남두용 :『진주 죽이기』라니요? 지금…. 살려도 지금 (시원찮을 판에)….

이문희 : 그게…. 요즘에 역설적인 그런 제목들 많잖아요? 뭐 '앵무새 죽이기'도 있었고, '마누라 죽이기'도 있었고, 물론 인제 뭐 오래전 일이기는 하지만. 근데 이 원고도 (그래요).

남두용 : 요즘 (대표님이) 밀고 있는 책이 인제『진주 죽이기』군요. 김경현 작가가 쓰신….

이문희 : 네. 지난주 토요일(11월 30일) 날 출판기념회도 했습니다.

남두용 : 아. 그러시군요. 뭘 죽이는 겁니까?

이문희 : 어…. 진주의 (역사와 문화를)….

남두용 : 살려야 되는데….

이문희 : 살리기 위해서는 한 번 죽어야 되잖아요?

남두용 : 하하. 아! 이제 그런 의미군요.

이문희 : 예. 그런 역설적인 (제목이죠).

남두용 : 뭘 죽여야 하는가요?

이문희 : 뭐 구습 내지는, 소위 요즘 얘기하는 뭐 '꼰대 문화', 뭐 이런 거를 포함해서….

남두용 : 좀처럼 변하지 않는 것 중에서 좀 인습이라고 할 만한 것들, 그런 것들을 쭉 나열하신 건가요?

이문희 : 그리고 뭐라 그럴까요? 나만 옳고, 뭐 이런 것들…. 그래서 이러이러한 설들이 많은데, 어…. 뭐가 중요하냐? 결국은 근본적인 정신이 중요하지 않냐?

남두용 : 우리가 '진주정신' 얘기 참 많이 하잖아요? 그래서 최근에 저희 MBC경남에서도 인제 조명했던 우리 김장하 선생님도, 흔히 얘기하는 그 진주정신에 가장 부합하는 어르신…, 어른으로 저희가 또 칭송하기도 하고, 그것과 더불어서 인제 그분이 그동안에 헌신해 왔던 형평운동, 이외에도 진주를 아주 대표하는 정신으로도 저희가 얘기하기도 하고, 더 나아가서 논개도 있지 않습니까?

이문희 : 네.

남두용 : 뭐 그런 것들을 정리해 놓으신 건가요?

이문희 : 네. 그렇죠.

남두용 : 아니 그거는 이미 다 알고 있는 건데….

이문희 : (처음엔) 다 안다고 생각했었어요. 저도! (그랬어요.) 근데 진짜 너무 모르고 있었더라고요.

남두용 : 아니! 그러니까 그 부분을?

이문희 : 예….

남두용 : 우리가 다 알고 있는 정신으로 알고 있는데, '이제 그게 제대로 인식도 안 되고 있고 실현되고도 있지 않다', 혹시 이런 겁니까? 이 책이 얘기하고자 하는 것이….

이문희 : 제가 인제 원고를 읽다 보니까, 논개에 대해서 진짜 굉장히 여러 가지 설들이 있더라고요.

남두용 : 그렇죠. 맞아요!

이문희 : 예. 근데 사실은 진주 외에 살고 있는 사람들, 심지어는 진주에 살고 있는 사람들도 그렇게 여러 가지 이야기가 되고 있는 줄 몰랐을 거예요. 근데 그거를 종합·정리했다고 보시면 되고요.

남두용 : 그러니까 한마디로 진주정신이라고 할 만한 부분에 있어서 여러 가지 그동안 나왔던 이야기들도 엮어서 표현해 놨고, 그러면서 진주의 뭐 아까 말씀하신, 뭐 인습·구습, 이런 얘기도 같이 곁들여서…. (일단) 책을 보게 되면, 아! 우리가 진주정신이라고 하는 부분들은 이런 부분들을 일단 계승을 좀 하고, 이런 건 다시 생각하고, 내

가 잘못 알았던 부분도 좀 다시 정립하고, 요런 것들은 좀 버려야겠구나, 이런 거를 좀 정리해 놓은 책이다라고 얘기하면 되겠네요.

이문희 : 예…. [이하 생략]

---

* 이 글은 『진주 죽이기』를 펴낸 출판사 대표의 방송인터뷰 내용인데, 방송이 되기까지 특별한 사연이 있어 소개해봅니다. 이문희 곰단지 대표는 《MBC경남》 라디오방송 〈당신의 저녁〉의 '오늘, 이 사람' 코너에 출연해 인터뷰하면서 『진주 죽이기』에 대해 이야기했습니다. 《MBC경남》의 〈당신의 저녁〉 프로그램은 2024년 4월 15일 첫 방송을 시작으로 같은 해 12월 27일까지 FM방송에서 평일 저녁 시간대에 1시간 남짓 송출된 라디오방송입니다. 주로 경남 지역의 다양한 정보와 인물을 만나는 프로그램으로 편성되었는데, 남두용 아나운서가 진행하고 전소연 PD의 연출 및 안은화 작가의 구성으로 제작되었습니다. 2024년 12월 3일 이문희 대표는 《MBC경남》에서 방송녹음을 마치고 난 후 필자에게 카톡을 보내 "오늘 mbc경남 라디오 녹음하고 왔습니다. 목요일(5일) 저녁 6시에 방송되는데 『진주 죽이기』 이야기를 좀 많이 했지요. 남두용 아나운서가 작가님 잘 알고 있던데요…"라고 전해왔습니다. 이날 방송은 남두용 아나운서의 현장성 있는 질문으로 시작했는데, 당초 안은화 작가가 이문희 대표에게 보내준 질문지와 전혀 다르게 진행되었습니다. 생방송처럼 방송대본 없이 '즉문즉답'으로 녹음했습니다. (물론 방송대본은 있었지만 방송대본대로 읽지 않는 것은 남두용 아나운서가 갖고 있는 현장진행방송의 강점입니다.) 하지만 이 방송은 예정대로 나오지 못했습니다. 하필이면 방송을 녹음했던 날에 상상도 못할 일이 벌어졌습니다. 그날 밤에 난데없이 윤석열 대통령의 비상계엄이 선포되고 동시에 계엄군이란 이름으로 공수특전단 등 최정예부대가 국회에 난입함으로써 '12·3내란사태'가 일어났기 때문입니다. 이에 따라 긴급방송이 편성되면서 예정된 방송이 모두 취소되거나 순연되었습니다. 결국 이 인터뷰는 녹음한 지 13일이나 지나고 12월 16일이 되어서야 겨우 방송되었습니다. 하지만 이 방송프로그램은 같은 달 27일 마지막 방송이 되면서 프로그램까지 폐지되어 이젠 〈당신의 저녁〉을 다시 들을 수 없습니다. 이 글은 방송국 스튜디오에서 당시 인터뷰한 내용으로, 녹취를 풀어 입말을 살리고 줄임말을 괄호에 넣어 정리한 것입니다.

'책 읽어주는 라디오', 『진주 죽이기』

이서윤(《KBS진주》 방송작가) / **김경현**(저자)
《KBS진주》 2024년 12월 10일

진주사람은 누구를 말하는 걸까요? 진주에서 태어난 사람? 진주에서 거주하는 사람? 진주에서 오랜 시간을 지낸 사람? 진주정신을 갖고 실천하는 사람? 오늘 소개할 책의 저자가 얼마 전 자신의 북토크 현장에서 독자들에게 던진 첫 질문이었는데요. 어떤 사람을 진주사람이라고 지칭할 수 있을까요? 한 독자는 이 책을 읽고 이런 생각을 했다고 합니다.

"진주 토박이로 살아온 내 자신이 부끄러워진다. 진주사람이라 자부하면서도 진주에 대해 너무 모르고 살았던 사실이 나를 부끄럽게 만든다. 나는 과연 진정한 진주사람인가?"

저자는 1985년 학업을 위해 이방인으로 진주에 오게 되었지만

이서윤은 숙명여대 정보방송학과를 나와 방송작가로 활동했다. 임소정 아나운서가 진행하는 《KBS진주》〈정보 주는 라디오〉 등에서 인터뷰 질문지와 방송대본을 썼다. 김경현 작가와 녹음인터뷰를 진행했다.

진주와 관련된 다양한 책을 출간하면서 진주에 대한 강한 애정을 드러내고 있고요. 지금껏 진주의 역사를 기록하는 일에 몰두하게 된 이유는 진주만의 특별한 정신을 느꼈기 때문이라고 말합니다. 진주정신이 곧 저항과 인권의 정신이자 형평운동으로 이어질 수 있었던 원동력이었기에 진주정신이 진주의 역사속에서 면면히 살아있다는 것을 책을 통해 보여주고 싶었다고 하는데, 임진왜란 당시 진주대첩에서 보여준 민중들의 저항정신과 천대받던 기생의 신분이었지만 논개가 보여준 용기의 몸짓, 전국 농민운동의 시발점이 되었던 진주농민항쟁의 흐르는 정신, 이 모든 것들이 이어져서 오늘의 진주를 있게 했지만 선조들의 피와 땀으로 일군 진주정신이 점차 사라지는 것에 대한 안타까움도 여실히 느껴집니다. 20여 년 전부터 대학신문에 썼던 글에다가 지금의 생각까지 더해 5백10여 쪽에 걸쳐 진주의 역사와 문화, 그리고 논개에 대해 재미나기도 하고 독특하면서 비판적인 해석을 내놓은 책인데, '책 읽어주는 라디오', '책주라'! 오늘은 『김경현의 역사·문화·논개 비평-진주 죽이기』 만나봅니다.

김경현 저자는 경북 안동에서 태어나서 대구를 거쳐 광주에서 자랐고 경남 진주에서 살다가 서울과 세종에서 활동을 했던 이른바 '전국구 시민'인데, 진주를 가장 사랑한다고 합니다. 경상국립대학교 사회학과를 졸업한 후에 옛 《진주신문》에서 기자로 활동하기도 했는데, 90년대 초반부터 지역의 역사와 문화를 찾아 진주의 구석구석을 누비면서 현장을 답사하고 취재하면서 자료를 수집했고요. 이를 토대로 해서 2000년대 초중반 진주의 역사·문화·논개에 대해서 《경남도민일보》, 《진주신문》, 《경상대신문》, 《의암별제》 등에 칼럼 및 비평글도 쓰고요, 『진주이야기 100선』, 『민중과 전쟁기억, 1950년 진주』 등의 책을 출간하기도 했습니다.

지난달에 나온 『진주 죽이기』라는 책은 지난 1월 『듣도 보도 못한 진주역사, 김경현의 진주이야기 100선』의 후속편으로 김경현 작가가 진주 역사에 대해서 쓴 칼럼과 단상을 엮어서 재구성한 책인데요. 『진주이야기 100선』이 지역의 기록되지 않은 역사와 문화를 찾는데 노력을 했다면 이번 책은 찾아낸 역사를 기억하고 해석하기 위한 비평집입니다. 그런데 제목부터가 예사롭지 않죠? 『진주 죽이기』! 자살이라는 단어를 반복적으로 빠르게 계속해서 읽으면 '살자'로 들리듯이 '진주 죽이기' 역시 다소 저돌적이기는 하지만 오히려 '진주 살리기'로 읽혀지는데요. 진주이야기를 통해서 잃어버린 우리 지역의 꿈과 희망을 되찾고자 하는 의도가 깔려 있고요. 진주 살리기라는 꿈을 말하고 있고, 진주를 만드는 일념이라는 희망을 이야기하고 있습니다. 그럼 책 속 진주의 다양한 역사·문화 이야기 가운데 「논개시」에 대한 이야기 잠깐 들려드릴게요.

"논개가 누구인지 모르는 한국인은 없을 것이다. 그러나 그녀가 누구인지 묻지 않을 수 없다. 우리는 논개를 잘 아는 듯하면서도 그녀를 잘 모르기 때문이다. 논개는 임진왜란 이래 진주의 역사와 문화를 이해하는 데 빠질 수 없는 핵심이다. 하지만 그녀는 '진주역사문화'의 중심축이면서도 진주 역사와 문화의 변방에서 진실과 허구의 경계선상에 서 있는 중의성을 지닌 인물이기도 하다. 그래서 논개의 세계는 간단치 않은 것이다. 널리 알려지다시피 논개는 임진왜란 때 진주성을 함락한 왜장을 촉석루 벼랑 아래로 유혹해 그를 껴안고 의암에서 남강으로 뛰어들어 순국한 '열혈여아'이다. 그래서 조선시대 시인묵객은 물론이고 근현대의 시인과 소설가, 음악가들도 이러한 논개의 영혼을 숱하게 노래하고 작품으로 형상화했다. 우리가 익히 잘 알고 있는 작품으로 변영로와 한용운의 시, 박종화와 정비석의 소설, 윤봉춘과 이형표 감독의 영화, 유치진의 희곡, 송범의 무용극, 안익태의 교향시, 홍연택의 오페라, 홍원기의 창극 외에도 이루 헤아릴 수 없다. 그중에 흔히 '논개' 하면 바로 연상되는 대표적인 작품이 바로 수주 변영로가 노래한 시「논개」이다. 이 작품은 3·1민족해방운동이 일어난 지 3년 뒤인 1922년 4월《신생활》제3호에 발표된 것이다. 일제침략기에 변영로가 논개를 노래했다는 사실만으로도 대단한 일이었다. 일제가 보았을 때 논개는 일본의 위대한 사무라이를 암살한 시쳇말로 테러리스트이기 때문이다. 그러나 누가 감히 그녀를 테러리스트라고 말할 수 있는가. 왜장을 수장시킨 논개의 죽음은 침략자가 말하는 '악의 축'에 부화뇌동한 자기 파괴적인 자살

공격이 아니다. 그녀의 죽음이 향기로운 것은 더 큰 사랑을 위해 자신을 죽인 위대한 열정과 살신성인을 보여주었기 때문이다. 연약한 여성의 몸으로, 또한 비천한 신분의 몸으로 조국과 민족을 위해 보여준 논개의 애국정신은 많은 작품으로 형상화되기에 충분했다. 우리는 이러한 호소력을 변영로의 빼어난 시「논개」를 통해 느낄 수 있다."

"지금 진주성 촉석문 앞에 가서 남강을 바라보라. 그곳에는 1991년에 세워진 변영로의 시비「논개」가 있다. 논개 시비를 찬찬히 뜯어보면 우리는 불현듯 '석류 속 같은 입술'로 '죽음을 입 맞춘' 논개에 대한 죽음의 미학과 시어의 감미로움을 느낄 수 있다. 변영로는 논개의 죽음에 대해 '아, 강낭콩꽃보다도 더 푸른 / 그 물결 위에 / 양귀비꽃보다도 더 붉은 / 그 마음 흘러라'라며 후렴구절을 거듭 강조하고 있다. 이 시는 성격상 논개의 거룩한 희생에 대한 추모의 정을 노래하고 있지만 단순한 추모의 시가 아니다. 강낭콩꽃 같은 푸른 남강의 강물과 양귀비꽃 같은 붉은 논개의 마음을 원색적으로 비교한 것은 무엇을 말하는가. 다름 아닌 양귀비꽃은 논개라는 아름답고 특수한 존재가 보여준 매서우면서도 독한 내면의 열정을 강렬히 표상하고 있기 때문이다. '흐르는 강물은 / 길이길이 푸르리니 / 그대의 꽃다운 혼 / 어이 아니 붉으랴'라고 노래한 변영로의 시처럼 아직도 우리에게 남아 있는 '거룩한 분노'와 '불붙는 정열'은 얼마나 있는 것일까.

미국의 이라크 침략에 우리나라 국회가 덩달아 국군파병을 결정한 것은 전쟁의 신음에 고통받아온 우리의 역사적인 경험을 망각한 것이고 논개가 목숨 바쳐 지키고자 했던 가치를 일순간에 부정하는 일이라는 소리마저 들린다. [당시 한국은 미국의 요구를 받아들여 2003년 서희부대(공병지원)와 제마부대(의료지원)를, 2004년 자이툰부대(치안유지)를 이라크에 파병했다.] 정말 우리로서는 민족적인 슬픔과 개인적인 무력감을 느끼지 않을 수 없다. 문득 변영로와 같이 암울한 일제 치하를 살아가면서 논개를 노래했던 만해 한용운의 처절한 자아반성에 다음 시구가 생각난다."

"천추에 죽지 않는 논개여 / 하루도 살 수 없는 논개여 / 그대를 사랑하는 나의 마음이 얼마나 즐거우며 얼마나 슬프겠는가 / 나는 웃음이 겨워서 눈물이 되고 눈물이 겨워서 웃음이 됩니다 / 용서하여요 사랑하는 오오 논개여"

진주의 역사와 문화, 논개에 대한 내용을 담고 있는 만큼 책의 두께가 만만치 않습니다. 5백 페이지가 넘어가는 분량인데요. 굳이 처음부터 순서대로 읽을 필요는 없고요. 논개에 대한 내용이 궁금하다면 제3부부터 펼치면 되고, 진주검무를 보고 의기 논개를 떠올리면서 시로 노래한 정약용도 만나보시고요. 임란 중에 촉석루에 올라 눈물을 흘렸던 이순신 장군의 탄식도 들으실 수 있습니다. 저자는 진주의 역사·문화와 더불어 논개이야기를 세세하게 톺아보면서 놀라운 진주이야기를 전개하고 있는데, 진주정신과 논개정신을 말하고 진주의 역사와 문화를 찾는다는 것은 진주정신을 찾는다는 것과 다름없다는 걸 증명하고 싶었다고 합니다. 책을 보면 1부·2부·3부 가운데 3부 전체가 논개에 대한 이야기인데요. 저자는 "논개를 알면 진주를 알고 역사를 안다"라고 강조하고 있습니다. 논개이야기를 통해 독자들에게 어떤 메시지를 전하고 싶었을까요? 김경현 저자의 이야기 들어보시죠.

"진주문화에 스며든 논개의 자취는 사실 적지 않습니다. 그러나 논개는 그 자체로 진주역사이면서 동시에 진주문화입니다. 그래서 진주정신과 문화사적인 측면에서 논개를 분석하고 논개와 교방문화에 대한 인식을 바꾸기 위해서 이렇게 따로 분리해서 자리를 마련한 것입니다. 논개논란은 진주 역사문화의 논란 중에서도 가장 대표적인 논란이 아니겠습니까? 그만큼 논개에 대한 마타도어가 심각하다는 것이지요. 마타도어란 말은 흑색선전을 가리키는 말인데, 논개의 정신을 모독하고 폄훼하며 논개의 숭고한 정신과 시민의식을 분열시키는 것이라고 합니다. 특히 기생에 대한 오해를 악의적으로 비약해서 갈등을 초래하는 그런 비난성 있는 말들을 말합니다. 그동안 논개에게 가해졌던 의혹과 논란을 해명하고 정리해본다면 진주의 역사와 문화 속에 알게 모르게 스며들었던 여러 가지 오염들도 시간이 흐르면 어느 정도 정화되지 않을까 싶습니다."

"논개를 제대로 알게 된다면 진주역사와 문화를 관통하는 게 무엇이고 그 속에 진주정신도 있다는 것을 알게 된다는 것이죠. 과거에 있어 신분에 얽매였던 피동적이고 종속적인 삶이 아니고 자기결정적이고 주체적인 삶을 산다는 것을 말합니다. 그것은 곧 진주정신을 창조적으로 오늘날 구현한다는 실천적 메시지를 주는 것이 아닐까, 그렇게 생각합니다. 진주의 잊힌 역사와 문화를 찾고 닦는 뭐 그런 작업이 필요하지 않겠습니까? 앞으로도 이런 작업을 위해서는 진주이야기가 계속 나와야 한다고 생각합니다. 진주에서 태어났다고 해서 다 진주사람이 되는 것은 아닙니다. 또 진주에 오래 살았다고 해서 진주사람이 된다고도 볼 수 없겠지요. 진주사람은 누구를 말하는 것일까요? 바로 진주정신을 찾고 실천하는 사람을 말합니다. 그러기 위해서는 진주역사와 문화를 알고 사랑하며 진주정신이 표방하는 주체적이고 정의롭고 평등한 세상을 만드는 데 앞장서는 시민의식을 가져야 하지 않을까요? 우리 모두가 진정한 진주의 주인으로서 진주정신을 발현하는 시민들이 되었으면 좋겠습니다."

네. 진주정신은 외세의존을 청산하는 주체정신과 사회정의를 실천하는 호의정신, 차별을 물리치는 평등정신을 의미하고, 이것을 몸소 평생 실천한 김장하 선생의 정신으로까지 이어지고 있다며 진주정신이 살아있는 한 앞으로 화수분 같은 진주이야기를 찾아서 기록을 하고 해석하는 작업을 멈추지 않겠다고 하는

데요. 『진주 죽이기』라는 책 제목과는 반대로 진주의 역사와 문화를 죽이는 모든 것에 저항을 하기 위해서 이 책을 썼다는 김경현 저자. 시련 속에서 더욱 빛나는 진주처럼 점점 사라져가는 진주정신이 다시 일어나기를 간절히 바라는 마음은 진주시민이라면 누구나 다 같지 않을까요? 이 책을 통해 진주정신의 의미, 다시 한번 생각해보면 좋겠습니다. 지금까지 '책 읽어주는 라디오'였습니다.

진주의 역사와 문화 그리고 논개 살리기

박광종(《민족사랑》 주간)*
《민족사랑》 2025년 1월호

　김경현 작가가 2024년 1월 『김경현의 진주이야기 100선』을 펴낸 지 10개월 만인 11월에 후속편인 『진주 죽이기』를 출간하였다. 단기간에 510여 쪽의 두툼한 책을 완성한 저자의 치열한 노력과 성실함에 경탄해 마지않는다. 전자가 수백여 년의 진주 역사 속에서 의미 있는 이야기들을 길어 올린 것이라면, 후자는 저널리스트로서 2000년대의 진주 사회 현실을 직시하고 그에 대한 비판과 대안을 모색하고자 한 비평집이라 할 수 있다.

　저자는 「작가의 말」에서 『진주 죽이기』라는 도발적인 제목과 「김경현의 역사·문화·논개 비평」이라는 부제를 단 이유를 다음과 같이 밝혔다.

　"이렇게 하여 이 책의 제목이 『진주 죽이기』로 정해졌다. 다시 한 번 강조하지만, 책 제목은 진주 역사와 문화에 대해 적의감(敵意感)이 넘치는 '죽이기의 절망'을 넘어서 과거를 치유하고 상생하는 '살리기의 희망'을 생각해보자는 취지에서 붙인 것이다. 그러므로 이 책의 제목은 '죽이기'이지만 '진주 역사 살리기'와 '진주문화 살리기' 및 '논개 살리기'를 의미하고 그런 뜻에서 『진주 죽이기』의 부제로 '김경현의 역사·문화·논개 비평'이라고 붙이게 되었다. 어차피 죽고 사는 문제는 얼마나 서로를 잘 이해하고 생각하느냐, 앞으로 역사와 문화를 얼마나 공유하며 얼마나 공동체 정신을 갖고 살아가느냐에 달려 있다고 생각한다."

『진주 죽이기』는 제1부 진주역사 죽이기, 제2부 진주문화 살리기, 제3부 논개를 위한 변명으로 구성되어 있다.

제1부 진주역사 죽이기는《경남도민일보》에 연재한 칼럼 중에 역사와 문화와 관련된 글이다. 여기서 다룬 주제는 진주와는 때려야 뗄 수 없는 사안으로 논개와 의암별제(義巖別祭), 기생과 교방문화가 가장 많다. 이 밖에도 형평운동가 강상호 선생의 독립운동가 서훈문제, 지역유지와 지자체 단체장의 입김에 좌우되는 향토지 발간 문제, 진주아리랑과 명석면의 노리랑 노래 이야기, 진주 출신의 일본군 '위안부' 문제, 보도연맹 학살 보도의 사실관계 등 2000년대 진주 사회에서 이슈화되었던 주제들이다.

특히 옛《진주신문》기자에서 퇴사한 후 '친일문제 전문가'로서 새출발하게 된 저자가 2005년에 기고한 「『친일인명사전』과 진주정신」, 「『일제강점기 인명록』 발간과 『친일인명사전』 편찬」,「신(新) 시일야방성대곡」 등 세 편의 글에서는 친일문제 연구자로서 새롭게 출발하는 굳센 결기가 느껴진다. 그 결과 그해 11월, 민족문제연구소에서 펴낸 『일제강점기인명록Ⅰ-진주지역 관공리·유력자』 등 일련의 연구성과로, 김경현 씨에게 제1회 〈임종국상〉 학술부문 수상자라는 커다란 영예가 돌아갔다.

제2부 진주문화 살리기는 《경상대신문》에 연재한 「김경현의 진주문화 엿보기」에 실린 문화칼럼이다. 「진주난봉가」, 「색향의 고장」, 「애수의 소야곡」, 「진주검무」, 「논개시」, 「형평운동」, 「동편제의 명창」, 「배따라기」, 「진주기생」, 「의암별제」 등 진주 문화를 대표하는 '열쇠 말(키워드)' 10가지를 골라 그 역사적 맥락과 민중 생활 속에 녹아든 편린을 상세히 기술하였다. 이 칼럼과 주해 글을 통해 저자가 진주의 문화적 자산에 대해 무한한 연민과 애정을 갖고 있다는 점을 여실히 보여준다.

제3부 논개를 위한 변명은 진주의 의기(義妓) 논개를 집중적으로 다루었는데 저자가 가장 심혈을 기울여 수정·보완한 글이다. 원래 논개 담론이 시작된 것은 2000년 초 진주의 아무개 인사가 장수군수에게 보낸 진정서의 주된 질문 7가지에서 시작되었다. 그 당시 저자가 진주민속예술보존회 사무국장을 맡아 의암별제를 준비·기획하면서 논개를 나름대로 연구하고 있었다. 진정서가 의암별제 홈페이지 자유게시판에 올라오자 이에 답변을 단 것이 이 글의 토대가 되었다.

이후 저자는 논개에 대한 심도 깊은 연구를 위해 〈제3부에 소개된 논개 관련 자료〉(본문 498~512쪽)에서 보듯이 이순신 장군의 『난중일기』, 김구의 『백범일지』에서부터 변영로와 한용운의 시뿐만 아니라 최근의 《한겨레》(2019.3.8.) 기사로 이숙인의 「의로운 기생, 논개」까지 관련 문헌과 작품, 신문잡지 등 방대한 자료를 샅샅이 섭렵하였다.

저자는 논개에 대한 쟁점을 ①의암을 폐기하라니!(호칭문제), ②논개의 성씨는 무엇입니까?(성씨와 신분문제), ③논개의 남자는 누구입니까?(사실관계), ④논개의 죽음을 부정하다니!(왜장의 존재와 촉석루 전승연), ⑤논개의 부활(결론) 등 5장으로 나누어 논개에 대한 근거 없는 풍설과 마타도어를 문헌자료를 활용해 하나하나 반박하였다.

더 나아가 논개의 서사와 충절을 현재의 시점에서 재조명하자고 역설하였다. 논개 이야기를 한 고장의 이야기로 묶어두지 말고 우리 민족 고유의 자산으로 보존, 발전시켜야 한다는 저자의 제언은 오늘을 사는 우리 마음속에 더욱 깊이 와닿는다.

* 민족문제연구소 소식지 《민족사랑》에는 필자의 두 책이 소개되었습니다. 《민족사랑》 주간이기도 한 글쓴이는 『김경현의 진주이야기 100선』과 『진주 죽이기』를 읽고 애정 어린 서평을 연이어 썼습니다. 이 글은 『진주이야기 100선』에 이어 쓴 두 번째 서평입니다.

역사의 실로 꿰어낸 진주 문화 비평

장원석(근현대사기념관* 학예실장)
《곰단지야》 2025년 2월호

 진주라는 지역은 역사와 문화의 보고이자, 시대의 흐름 속에서 고유한 정체성을 간직해 온 문화도시입니다. 김경현 선생의 『진주 죽이기』는 이 지역의 문화적 정체성을 재조명하고, 그 안에 깃든 정신적 가치를 해석하는 작업으로 독자를 초대합니다. 도발적인 제목과는 달리 책의 내용은 진주가 간직해 온 문화적 유산과 정신적 가치를 복원하고자 하는 깊은 열망과 애정으로 가득 차 있습니다.

 저자는 진주의 역사, 문화, 논개라는 세 축을 중심으로 이야기를 전개합니다. 특히 논개를 둘러싼 다양한 오해들을 비판적으로 재검토하고, 그녀의 삶과 죽음이 '진주정신'의 상징임을 설득력 있게 드러냅니다. 논개로 상징되는 진주정신은 외세에 저항

장원석은 고려대 한국사학과를 거쳐 같은 대학원에서 한국사학을 전공하고 박사과정을 수료했으며, 친일반민족행위진상규명위원회에서 일했다. 이후 몽양여운형기념관 학예실장과 근현대사기념관 학예실장을 지냈다.

하는 주체 정신, 사회정의를 실천하는 호의 정신, 차별을 거부하는 평등 정신으로 요약됩니다. 저자는 이러한 정신이 단순한 과거의 유산에 그치지 않고 현재 진주 사회 속에 여전히 살아 숨 쉬고 있음을 강조합니다. 이는 지역사회의 문화적 뿌리를 되짚어 보고, 그 안에서 오늘날 우리가 마주하는 사회적 문제를 해석하는 중요한 열쇠를 제공합니다.

저자는 2024년 개봉한 다큐멘터리 영화 〈어른 김장하〉로 널리 알려지게 된 김장하 선생의 삶을 예로 들며 '김장하 정신'을 진주 정신의 구체적 실천으로 제시합니다. 김장하 선생은 평생을 진주 지역사회와 공동체를 위해 헌신한 인물로, 그의 삶은 진주정신을 구현하는 살아있는 본보기라 할 수 있습니다. 그는 개인의 이익을 넘어 공동체의 이익을 우선시하며, 지역사회의 발전과 정의 실현을 위해 많은 업적을 남겼습니다. 저자는 김장하 선생의 삶을 통해, 우리가 진정으로 필요로 하는 것은 물질적 부(富)나 외적인 성공이 아니라, 사회적 책임과 연대의 정신임을 보여 주고 있습니다.

책 곳곳에서 드러나는 저자의 진주 문화를 대하는 태도는 매우 섬세하고 애정이 넘칩니다. 그는 진주의 작은 골목, 남강의 물결, 그리고 이름 없이 피어나는 들꽃 같은 존재들 속에서 이야기를 찾아내 아름다운 목걸이로 엮어내고 싶어 합니다. 저자가 그려내는 진주 문화는 단순히 지역사회의 이야기일 뿐만 아니라,

우리의 사회 전체와 문화를 이해하는 데 중요한 통찰을 제공합니다. 이는 우리가 살아가는 사회에서 어떤 가치를 지향해야 하는지에 대한 철학적이고 비판적인 질문을 던지는 작업입니다. 김경현 선생은 이 책을 통해 독자에게 묻습니다.

"우리의 지역과 역사를 어떻게 기억하고, 그것에서 무엇을 배울 것인가?"

저자의 이 작업은 과거와 현재, 그리고 미래를 잇는 다리 역할을 합니다. 진주의 역사는 단지 흘러간 과거의 이야기가 아니라, 지금도 살아 숨 쉬는 생동감 있는 현재의 이야기임을 저자가 보여주고 있습니다. 이러한 접근은 독자들에게 진주의 문화적 뿌리와 정신적 자산을 더 깊이 이해하고, 이를 현재와 미래의 삶에 어떻게 적용할 수 있을지에 대한 고민을 하게 만듭니다.

이 책은 진주를 사랑하는 사람들에게는 물론, 한국의 문화와 정신적 유산에 관심 있는 모든 이들에게 귀중한 선물이 될 것입니다. 김경현 선생의 진주에 대한 깊은 애정과 통찰력 있는 문화비평은, 독자들로 하여금 자신의 지역사회를 되돌아보고, 그 속에서 발견할 수 있는 역사적 가치를 재조명하는 또 다른 기회를 제공해줄 것입니다.

* 근현대사기념관은 동학농민운동부터 4·19혁명까지 있었던 역사를 잊지 않기 위해 마련한 한국근현대사에 대한 기억의 공간입니다. 서울 강북구 수유리(현 수유동) 국립4·19민주묘지 근처에 위치한 기념관은 북한산 자락에 자리잡고 있습니다. 서울지하철 우이신설선 4·19민주묘지역에서 내려 4·19로를 따라 20분 정도 걸어 올라가면 나오는데, 기념관 주변에는 계절마다 변하는 북한산의 자연경관이 어우러져 사시사철 아름답고 고즈넉한 분위기를 연출합니다. 이곳 기념관에서는 그동안 의암 손병희 선생 순국 100주기 특별전을 비롯해 심산 김창숙 60주기 특별전, 이준 열사 유해봉환 60주기 특별전, 늦봄 문익환 30주기 특별전, 청일전쟁 130주년 특별전 등을 열었으며, 관련 학술대회와 교육프로그램 등을 진행하고 있습니다.

광장에서 만나는 '진주정신'

김승은(식민지역사박물관* 학예실장)
《곰단지야》 2025년 3월호

『진주 죽이기』. 제목이 참 도발적이다. '죽이는' 진주, 즉 '끝내주는' 진주가 아니라 왜 진주 죽이기일까. 이 책의 저자와 알아온 지 20년이다. 그 인연을 거슬러 보면 환골탈태를 위해서는 자기 자신에게도 얼마든지 엄격할 분이란 걸 잘 안다. 아직도 꼬집고, 헤집어 보고 그래서 반드시 올곧음으로 자신의 글을 다듬어 엮어내고 있으니 저자를 만날 때마다 필자 자신도 스스로 돌아보게 된다.

그가 이 책에 담은 글은 2000년대 초중반에 쓴 진주 역사와 문화에 대한 칼럼들이다. 1995년 "역사바로세우기"로 상징되는 일제 잔재 청산의 열기가 각 지역에서도 고조되던 때이다. 일제강

김승은은 덕성여대 사학과를 나와 고려대 대학원에서 한국사학을 전공하고 박사과정을 수료했다. 민족문제연구소 책임연구원으로 연구소 자료실장을 거쳐 식민지역사박물관 학예실장을 지냈으며, 친일청산과 민주주의를 향한 시민운동을 기록한 아카이브 구축에 노력했다. 저작으로 『군함도, 끝나지 않은 전쟁』을 공저했다.

점기에서 해방된 지 반세기가 지나서야 우리사회는 뿌리박힌 친일의 그림자를 걷어내는 노력에 시선을 두기 시작했다. 저자와 같은 지역의 숨은 고수들이 없었으면 쉽지 않았을 일이다. 우리 사회가 묻히고 잊힌 역사의 현장과 침묵하고 외면당했던 목소리에 관심을 두고, 우리의 얼까지 지배당했던 굴욕의 역사와 마주한 때는 그리 오래된 일이 아니다.

하지만 역설적이게도 지방자치제도가 부활하면서 각 지역에서 역사 문화 자원의 발굴이 활발해진 한편, 지역의 역사와 문화를 관광자원화하면서 그 윤색과 각색 현상이 치열해졌다. 저자는 지방권력과 지역의 문화권력들이 또 다른 측면에서 지역사를 '고사'시키는 위험성을 글 곳곳에서 경고했다. 『진주 죽이기』는 그들에 대한 경고이자 진정한 진주 살리기를 위한 각성이라고 할 수 있다.

그가 '진주 죽이기' 칼럼을 중단한 이유에서 밝혔듯이 저자는 지면 위에 몇 줄로 경고의 메시지를 보내는 것에 그치지 않고 직접 '역사전쟁'에 참전하여 꼿꼿한 역사쓰기에 매진했다. 민족문제연구소가 2009년 펴낸 『친일인명사전』에 편찬위원으로 참여했고, 대통령소속 친일반민족행위진상규명위원회 조사팀장이 되어 2005년부터 5년간 헌신했다. 위원회가 종료된 후에도 친일파 후손들이 제기한 친일반민족행위결정 취소 소송에 대해 정부 측 소송수행자로서 직접 대응하는 업무도 이어갔다. 제2의 고향과 같은 진주를 떠났지만 그가 좌고우면하지 않고 정론직필로 굴절된 역사를 바로잡고자 헌신했던 노력은 다시 그를 진주로 데려다 놓았다. 그 결실이 바로 『진주이야기 100선』과 『진주 죽이기』인 셈이다.

천릿길 진주, 색향의 고장, 진주 논개, 의암별제 등 숱한 진주의 문화적 자산이 어떤 역사적 연원을 가졌는지 이 책은 소상히 다루고 있다. 여전히 국가의 이름으로, 권력에 의한 역사 기억 만들기가 진행형인 가운데 다양한 사료를 섭렵하여 비판적인 인식을 재구성하려는 시도는 이 책의 가장 큰 미덕이라고 할 수 있다. '남성 못지않게' 비범한 희생이자 전쟁터는 아니었지만 왜적과 사투 끝에 산화한 충절의 상징인 논개 이야기는 시간을 거듭하면서 그에게 고향과 가족, 신분을 부여했으며, 처단된 왜장까지 구체화했다. 일제강점기를 거치면서 논개의 민족적 저항 서사는 더욱 강화되었다. 하지만 저자는 논개를 영웅적 서사에서도, 뒤따른 마타도어에서도 구해내고자 했다.

필자가 몸담고 있는 민족문제연구소는 요즘 광장에서 많은 시민을 만나고 그들의 목소리와 그 의지를 담은 깃발 등 시위용품을 기록하고 수집하고 있다. 이렇게 수집한 자료들을 가지고 〈민주주의와 깃발〉 전시를 준비하고 있다. 전시구성을 기획하면서 이런 질문들을 떠올린다. 시민들은 왜 그날 밤 여의도로, 남태령으로, 한강진으로, 그리고 광화문광장으로 나왔을까. 왜 그 많은 깃발들은 쉼 없이 휘날리고 있을까. 계엄군의 총부리를 막아섰던 용기는 어디서 발원했을까.

그 역사적 연원을 거슬러 올라가다가 진주농민항쟁에 다다랐다. '인권'이라는 개념조차 없었던 한 세기 전 진주에서 싹튼 형평운동은 지금 광장에서 평등과 포용의 다양한 인권운동으로 도약하고 있다. 『진주 죽이기』에서 저자가 살려내고자 하는 '진주정신'은 지금 곳곳에서 열리고 있는 민주주의의 광장에서 만개하고 있다. 저자가 진정으로 바라는 진주 살리기는 이미 시작되고 있는 것이 아닐까.

* 식민지역사박물관은 민족문제연구소가 설립해 직접 운영하는 일제강점기 역사전문박물관이며, 서울 청파동 숙명여대 앞 서현빌딩에 위치해 있습니다. 이곳에서 보여주는 전시기획은 일제의 수탈과 강제동원 등 식민지배의 참상과 아픈 역사를 기억하며 일깨워주고 있으며, 제국주의 국가의 만행을 고발하고 있습니다. 그동안 반민특위 설립 70주년 특별전을 시작으로 3·1혁명 100주년 기념특별전, 경술국치 추념식 특별전, 『친일인명사전』 10년 기획전, '일제 부역언론의 민낯' 《조선·동아일보》 100년 기획전, 일제강제동원 피해역사 특별전, 6월민주항쟁 35주년 이상호 작가 기념초대전, 일본에서 일어난 조선인에 대한 간토대학살 100년 기획전, 3·1운동 105주년 홍범도 특별기획전, 강제동원 피해자운동 기록사진전, 청일전쟁 130년·러일전쟁 120년 기획전, 긴급전시행동 '민주주의와 깃발' 기획전 등을 열었습니다. 이중 '민주주의와 깃발' 기획전은 12·3내란사태에 저항하는 시민운동의 모습을 한 자리에 모은 것인데, 비상계엄을 선포한 윤석열 대통령 퇴진을 외치는 광장의 함성을 123일동안 있었던 역사적 기록과 흔적을 통해 보여주었습니다.

제3부

두 책에 관한
쓴소리와 뒷이야기

『진주이야기 100선』에 대한 직격

Dog君(블로거)
티스토리 doggun.tistory.com/901(2024.2.1.)

『김경현의 진주이야기 100선』(김경현, 곰단지, 2024)

10년쯤 전 지역사를 본격적으로 연구해보겠다고 마음을 먹은 적이 있습니다. 몇 가지 사정이 이어지면서 그 결심은 이루기 어려워졌지만 지금도 틈틈이 진주의 역사에 대해 책을 읽고 자료를 찾아보곤 합니다. 제가 지역사를 공부하겠다는 마음을 먹게 된 주요한 계기 중 하나는 1998년 진주문화원에서 펴낸 『진주이야기 100선』이라는 책이었습니다. 이 책에는 공룡시대 화석 발견지부터 임진왜란과 3·1운동의 기억은 물론 현대사의 현장까지 100개의 키워드로 담아낸 진주의 역사가 가득 담겨있습니다. 진주에서 나고 자랐고 역사 공부를 직업으로 삼은 저조차도 몰랐던 이야기들이 많기에 지금도 종종 들춰보는 책입니다. 저만 이런 것도 아닙니다. 아는 사람 사이에서는 숨겨진 명저로 꼽히지요.

Dog君은 독서가이며 책소개 블로거이다. 티스토리 'Dog君 Blues…'의 운영자로 활동하며 서평을 썼다.

하지만 간행되고 시간이 많이 지난 데다가 바로잡아야 할 부분도 꽤 있기 때문에 언젠가 꼭 개정할 필요가 있는 책이기도 합니다. 공부가 얕은 제 눈에도 쉬이 띄는 오류가 꽤 여럿이라 (저자를 포함한) 지역사 전문가들께서 마음먹고 제대로 고쳐 쓰면 지금보다 몇 배로 더 가치가 커질 책이라고 생각합니다. (몇 년 전에 진주지역 출판업계에 계신 어떤 분과 사담을 나눌 기회가 있었는데, 그분도 마찬가지 아쉬움을 가지고 계시더군요.)

그런 상황에서 갑자기 올 초에 『진주이야기 100선』의 개정증보판인 이 책이 나왔습니다. 너무 반가워서 출간 소식을 듣자마자 주문을 했고 곧바로 완독했습니다. 그리고 제 감상은….

이런 이야기를 하게 돼서 저도 죄송하고 어쩌면 이 글을 보실지도 모를 관계자분들께는 특히 더더더더더욱 죄송하지만,

아…. 음….

너무 안 좋습니다. 좀 가혹하게 말씀드리자면, 근래 본 책 중에서 가장 안 좋습니다.

오탈자와 비문, 오류와 어색한 문장은 거의 매쪽마다 보여서 일일이 정리하기 힘들 정도입니다. 고칠 부분이 있는 페이지마다 띠지를 붙였더니 책이 거의 1.5배로 두꺼워졌습니다.

그런 것들이야 자잘하다 치고 그냥 넘어가더라도, 책의 전체적인 기획과 구성 역시 (제 기준에서는) 낙제를 면하기 어렵습니다. 새로 책을 내면서 첨가한 내용이 많기 때문에 '복간'이라고 말하기는 힘든데, 그렇다고 해서 고쳐서 바로잡거나[개정(改訂)] 더하고 보탠[증보(增補)] 것이 마땅히 보이지 않기 때문에 '개정증보'라고 말하기도 어렵습니다. 1998년 판의 오류는 정정되지 않은 채로 남아있고, 지난 25년간 축적된 연구성과나 바뀐 사실도 거의 보완되지 않았습니다.

오히려 1998년 판의 원고를 수정 보완하는 과정에서 2023년의 내용을 구분 없이 삽입하는 바람에 1998년의 내용과 2023년의 내용이 마구 섞여버렸습니다. 결국 글의 시제가 뒤죽박죽이 되면서 하나의 글이 마땅히 갖춰야 할 일관성이 없어졌습니다. '복간'을 할 요량이었다면 1998년의 내용을 그대로 두고 2023년을 기준으로 하여 해제를 추가한다거나 했어야 합니다. '개정증보'를 하려고 했으면 100개의 키워드부터 새로 선정하고 틀렸거나 부적절한 내용도 대대적으로 새로 다듬었어야 합니다. 하지만 이 책은 복간도 아니고 개정증보도 아닌, 이도 저도 아닌 것이 되어버렸습니다. 결과적으로는 1998년 판을 기억하는 사람과 2024년 판을 처음 산 사람 모두를 만족시킬 수 없게 되었다고 생각합니다. 그래서 너무너무 안타깝습니다.

「작가의 말」에 따르면 이 책의 기획은 2023년 10월에 시작되었다고 합니다. 그리고 발행일이 1월 10일이니 작업기간은 아무리 길게 잡아도 3개월 정도입니다. 글쎄요, 이 책을 반드시 3개월 안에 펴내야만 하는 불가피한 사정이 있었던 걸까요? 왜 이렇게 무리하게 간행을 서둘렀는지 도통 모르겠습니다.*

* Dog君의 서평은 아픈 지적이지만 진정성이 느껴졌으므로 진심 어린 충고로 받아들이며, 필자의 부족함에 대해서도 깊이 반성하고 성찰하고 있습니다. 필자는 『진주이야기 100선』에 대한 생산적인 공론의 장을 마련하기 위해 그가 자신의 티스토리 「잡冊나부랑이」 코너에 올린 글을 이 책에 전부 인용했습니다. 당시 글쓴이와의 연락이 여의치 않아 저자가 직접 해명하지 못했는데, 독자의 이해를 돕기 위해 이 자리를 빌어 Dog君이 지적한 부분이나 독자들이 궁금해하는 부분을 필자의 답변으로서 몇 가지를 정리해 다음에 이어지는 쪽에 게재했습니다. 다만 필자의 답변이 선택적이고 임의적으로 유리한 부분만 이루어질 수 있으므로, 독자들이 충분히 판단할 수 있도록 Dog君이 공개한 글의 취지와 비판의 내용을 그대로 보여주고자 전문을 인용했다는 점을 알려드립니다. (나중에 글쓴이와 연락이 닿아 전문 게재의 허락을 받았으며, 필자의 인용 취지를 이해하고 동의해준 점에 대해 다시 한번 감사의 인사를 전합니다.)

『진주이야기 100선』의 비판에 대한 해명

김경현(저자)

　인터넷상에서 활발히 독서평을 하고 있는 'Dog君'께서 필자의 책에 대해서도 관심을 갖고 서평을 올려준 점에 대해 감사의 말씀을 드립니다. 특히 Dog君께서는 1998년 발간된 필자의 첫 저서 『진주이야기 100선』을 10여 년 전에 읽고 느낀 소감으로 "지역사를 공부하겠다는 마음을 먹게 된 주요한 계기 중 하나"라고 이야기하는 등 매우 과찬의 말씀을 해주었습니다. 그뿐 아니라, 그 책에 대해 "아는 사람 사이에서는 숨겨진 명저로 꼽히지요"라고 극찬의 말까지 덧붙인 것을 생각해보면 상당히 많은 애정을 갖고 있는 듯 보입니다. 정말로 대단한 격찬과 관심이 아닐 수 없습니다.

　하지만 기대치가 너무 높았던 만큼 실망감도 컸던 것일까요? 2024년 발간된 『김경현의 진주이야기 100선』을 읽고서는 곧 극도의 실망감을 드러냈는데, 책을 쓴 집필 당사자인 필자로서는 정말 당혹스럽고 안타깝기 그지없습니다. Dog君께서는 다시 새로 발간한 『진주이야기 100선』을 가리켜 한마디로 "책의 전체적인 기획과 구성 역시 낙제를 면하기 어렵다"라고 냉혹하게 평가했습니다. 이런 낮은 수준의 평가는 Dog君께서 평소 갖고 있는 높은 기준에 비해 다시 쓴 『진주이야기 100선』의 수준이 한참이나 못 미친다는 것을 강조하고 있는 것이겠지요. 그만큼 Dog君께서는 2024년 판에 대한 기대가 상당히 컸던 터라 책이 나오자마자 너무 반가워 곧바로 주문해 완독까지 했다고 하는데, 그만 그 책이 기대에 부응하지 못했던 모양입니다. 오죽했으면 "너무 안 좋습니다. 좀 가혹하게 말씀드리자면, 근래 본 책 중에서 가장 안 좋습니다"라고 할 정도였겠습니까? 그동안 여러 권의 책을 썼지만 이 정도로 혹평을 받은 적은 없었습니다. 물론 혹평이나 독설을 두려워하거나 인격부정이나 모멸감을 느낀 것은 더욱 아닙니다. (필자는 글을 써오면서 야기된 필화사건으로 형사고소나 법적 쟁송도 겪었으나 의연히 극복했습니다.) 하지만 Dog君의 날 선 서평을 읽고서는 아무런 느낌이 전혀 없다고 말하기는 어려웠습니다. 이미 20년도 훨씬 넘은 오래전에 작가의 손을 떠난 책이었지만 이후에 개정·증보한 책이 부메랑처럼 필자에게 돌아와 무한책임을 지우고 있었던 것입니다.

그러나 어쩌겠습니까. 25년 만에 새로 선보인 『진주이야기 100선』이 Dog君께서 생각한 만큼 만족스러운 것이 되지 못한 점에 대해서는 책을 쓴 필자로서 그저 송구하고 유구무언일 따름입니다. 필자의 책에 대한 Dog君의 적나라한 비판이 절대적으로 모두 옳다고 보는 것은 아니지만 돌이켜 생각해보면 전혀 이유가 없는 것도 아닙니다. 이에 대해서는 전적으로 이 책의 저자인 필자의 책임이라는 점을 부인하진 않겠습니다. 사실 Dog君께서 갖고 있는 기준이 너무 높아 어느 누구도 만족시킬 수 없다고 생각할 수 있겠지만 더 분발하라는 채찍으로 여기고 그동안 나태함은 없었는지 스스로를 되돌아보고 있습니다. 그래서 Dog君께서 자신의 티스토리에 올린 필자에 대한 질책이 일견 가혹하게 느껴지지만 좋은 지적이라고 생각하고 기꺼이 받아들이고자 하며, 아울러 부끄럽지만 변명이나 넋두리가 아닌 해명의 글을 간단하게나마 진심을 다해 적어보겠습니다. (이 글을 적기까지는 내키지 않은 마음을 다독이는 용기가 필요했습니다.)

해명 1

Dog君께서는 필자의 책에 대해 "오탈자와 비문, 오류와 어색한 문장은 거의 매쪽마다 보여서 일일이 정리하기 힘들 정도"라고 신랄하게 질타했습니다. 난필난문에 가까운 필자의 글쓰기는 문법에도 잘 맞지 않는데다 문장은 만연체이며, 감동도 없고 유치하고 현학스럽기까지 했던 점에 비추어 한편으로 비판받는 것이 당연하다는 생각마저 듭니다. 하지만 꼭 집어 어떤 부분이라고 밝힌 것이 하나도 없어 구체적으로 무엇을 말하는 것인지 알 수 없지만 전혀 없다고도 볼 수 없으므로 질책을 달게 받아들이겠습니다. 어떤 경우라도 책을 펴낼 때 교정·교열에 노력하는 것은 아무리 강조해도 지나치지 않습니다. 좋은 책을 만들기 위해서는 좀 더 글을 쉽고 좋게 다듬고, 더 잘 읽히도록 심혈을 기울이는 노력이 필요합니다. 이는 출판하는 모든 이들이 바라는 좋은 책에 대한 소망일 것입니다. 단지 저자의 글을 보면 날 것처럼 서툴고 투박하며 격정적이기까지 합니다. 그런 관계로 필자의 책에서 비록 말을 잘 부리는 솜씨인 '문장의 멋'은 없지만 저자만의 고유하고 독특한 스타일을 보여주는 '문장의 맛'은 있다고 생각합니다. 하지만 어떤 문장이든 무슨 테크닉이든 어떤 것이든 비문이라면 용납되지 않겠지요. 사실 어떤 책이라도 저자의 생각과 이야기를 기술하는데 문법이나 맞춤법 및 외래어표기법 등 문장에 맞지 않는 부분이 있다면 아무리 좋은 내용이라도 단순히 '옥에 티'라고만 치부할 수 없을 것입니다. 그렇기에 프로페셔널하고 디테일하지 못했던 필자의 불성실하고 안이한 집필태도와 미숙함에 대해 반성합니다. 또한 아무리 교정·교열이 출판·편집자의 영역이라고 하더라도 집필자의 사실관계 확인과 윤문 등은 필요하며, 이러한 작업이 더 보태어질수록 다다익선이 되어 독자들이 원하는 좋은 문장과 좋은 책을 만들 수 있지 않을까 생각합니다. 책을 쓰고 책을 만들고 책을 읽게 하는 과정은 어느 것 하나도 소홀히 할 수 없는 삼위일체의 과정입니다. 이러한 점을 간과하지 않도록 앞으로 책을 펴낼 때 좀 더 세심한 주의를 기울이도록 하겠습니다.

해명 2

또 Dog君께서는 『진주이야기 100선』에 대해 "새로 책을 내면서 첨가한 내용이 많기 때문에 '복간'이라고 말하기는 힘든데, 그렇다고 해서 고쳐서 바로잡거나[개정(改訂)] 더하고 보탠[증보(增補)] 것이 마땅히 보이지 않기 때문에 '개정증보'라고 말하기도 어렵다"라고 지적했습니다. 그러나 『김경현의 진주이야기 100선』은 초간본의 느낌을 살리지만 그대로 복제한 것이 아니라 해석과 내용을 풍부히 하는데 초점을 맞추었다는 점을 말씀드립니다. 이 책을 단순히 복간본이라고 할 수 없는 것은 Dog君의 말처럼 첨가한 내용이 많기 때문입니다. 뒤에 나오는 '해명4'에서 이 책은 단순한 '복간'이나 '개정증보'가 아니라 초간본을 상당하게 개정·보완한 증보판이라고 설명하고 있지만 몇 가지에 대해서는 여기서 먼저 설명하겠습니다. 그러면 이 점에 대해서는 어떻게 생각하는지요? 『진주이야기 100선』의 1998년 판은 신국판 크기로 분량은 346쪽이지만 그 후에 나온 2024년 판은 변형판 크기지만 552쪽입니다. 두 책의 본문 활자 크기를 비교해보면 1998년 판이 2024년 판보다 1~2포인트 더 큽니다. 그래서 1998년 판의 본문 내용을 2024년 판에 그대로 옮긴다고 해도 변형판의 분량이 신국판보다 약간 많을 것 같습니다. 그런데 판형 차이로 분량이 많다고 해도 이것을 단순하게 판형이나 활자포인트 차이로만 볼 일은 아닙니다. 다시 말해 『진주이야기 100선』은 2024년 판에서 분량이 전작에 비해 무려 206쪽이나 더 늘어났다는 점입니다. 이것을 어떻게 설명해야 할까요? 이 정도면 개정·보완이 아니라 아예 전면적으로 개작한 수준이지 않을까요? 이 점을 주목하고 참고해주길 바랍니다. 아무리 '개정증보'한 것이 "마땅히 보이지 않기 때문"에 2024년 판을 수긍하기 어렵다고 해도 이 두 책을 꼼꼼히 비교해보면 개정증보한 내용이 무엇인지 충분히 확인가능합니다. 전자에 비해 대폭 늘어난 후자의 분량이 말해 주듯이 1998년 판 내용을 고쳐서 바로잡는 수준을 넘어서 상당하게 내용을 보태거나 첨가한 부분이 적지 않았다는 것을 말해줍니다. 그래서 2024년 판은 단순한 복간이 아닌 상당 부분을 개정해 증보한 것임을 알 수 있습니다. 또 "1998년 판의 오류는 정정되지 않은 채로 남아있다"라고 지적한 부분에 대해서도 어떤 부분이 그랬는지 정확히 말씀해 주지 않아 알 수 없지만 그동안 발견된 오류는 상당부분 고쳤다고 생각합니다. 혹시 미처 발견하지 못해 놓친 부분이 있다면 추후라도 반드시 바로잡겠습니다.

해명 3

나아가 "지난 25년간 축적된 연구성과나 바뀐 사실도 거의 보완되지 않았다"고 했는데, 『진주이야기 100선』은 학술서가 아닌 지역의 역사를 쉽게 읽을 수 있도록 숨겨진 역사를 발굴해 풀어 쓴 대중서이자 재미있는 역사이야기 모음집입니다. 그동안 한국 역사에서 주목받지 못하고 소외되어 있던 지역사에 대한 이야기를 주로 수집하고 잘 알려지지 않은 내용을 찾아내 책에 담았습니다. 그래서 이 책은 학술적으로 연구한 논문을 확장해 살을 붙여 단행본으로 펴낸 것이 아닙니다. 만약 이 책이 논문을 저본으로 한 학술서라면 반드시 축적된 연구성과나 연구사 정리 및 바뀐 학술적 사실 등도 정리하고 각주와 해제 등을 통해 관련 내용

등을 보완해야 합니다. 물론 지역사라고 하더라도 허투루 보거나 사소하게 볼 수는 없습니다. 무엇이든 본격적으로 역사·문화에 대해 저술하기 위해서는 반드시 역사 전반에 대한 전문적 연구와 지식의 축적이 병행되어야 하기 때문입니다. 하지만 이 책을 저술하는 과정에서 그렇게 심도깊은 연구나 많은 지식이 필요하지는 않았습니다. 잊히거나 숨겨진 이야기를 찾아내 정리하는 것만으로도 의미가 있다고 생각했는데, 지금까지 이런 작업을 시도한 지역사를 거의 찾아보기 어려웠다는 점도 이 책을 쓸 당시 은연중에 작용했습니다. 단지 대중적인 교양서라고 하더라도 진주 역사와 문화에 대한 기초적인 공부와 책을 구성하는 자체적인 완결성은 필요합니다. 보다 넓은 안목과 깊은 생각으로 다양한 사료를 확보하는 동원력이나 기존 연구에 대해 살펴볼 수 있는 이해력은 먼저 갖춰져 있어야 한다고 생각합니다. 그래서 이 책 내용 중에는 지난 세월 동안 알게 모르게 달라져 있던 사실관계를 확인하고 바로 잡으려고 했던 것이 있었습니다. 그렇게 팩트체크한 사실을 최대한 본문에 담아보려고 노력한 부분도 적지 않았다고 봅니다. 그러나 신이 만든 절대적 경전이 아닌 이상 완벽한 책이 나오기란 어렵습니다. 다만 최선을 다해 발품을 팔았으나 필자의 능력이 미치지 못한 면이 없지 않았으므로 모든 내용이 완전무결하거나 진선진미할 수 없음을 그 한계로 인정합니다. 이를테면 진주사직단의 경우처럼 현장에 가보지 못한 관계로 미처 확인하지 못한 부분도 있었음을 부인하진 않겠습니다. 하지만 적지 않은 부분을 수정하고 보완함으로써 전작보다 훨씬 더 나은 내용으로 충실하게 채워졌다는 점은 많은 독자가 인정하는 이 책의 보이지 않는 성과이자 장점이라고 할 수 있습니다.

해명 4

Dog君께서는 2024년 판이 "오히려 1998년 판의 원고를 수정·보완하는 과정에서 2023년의 내용[2024년 판을 말함]을 구분 없이 삽입하는 바람에 1998년의 내용과 2023년의 내용이 마구 섞여버렸다"고 들고, 결국 글의 시제도 뒤죽박죽해졌고, '복간'이라면 1998년의 내용을 해제하거나 '개정증보'라면 100개의 키워드를 새로 선정해야 하는데, 이것도 저것도 아닌 것이 되어 결과적으로 1998년 판과 2024년 판 모두를 만족시킬 수 없게 되었다는 취지로 비판했습니다. 과연 그럴까요. 먼저 이 책은 제한된 시각(김경현이 바라본 100선)에서 제한된 공간(진주지역)을 대상으로 제한된 능력과 자료(저자의 탐구력과 동원력)를 가지고 쓴 것임을 밝힙니다. 또한 『진주이야기 100선』은 2024년 판 '작가의 말' 첫 문장에서 말한 바와 같이 "25년 만에 초간본을 개정·보완해 증보판을 내놓습니다"라고 밝힌 것처럼 기존의 책을 개정·보완한 증보판이라는 점입니다. 그러므로 이 책은 1998년 판을 그대로 사진 찍듯이 복사해 펴낸 영인본이나 옛 내용을 똑같이 집어넣어 편집·인쇄한 복간본이 아닙니다. 또한 법령개정집처럼 신·구 법조문을 구분하고 비교하는 것같이 이 책도 1998년 판과 2024년 판을 따로 구분·비교하고 개정·보완해야 한다고까지 생각하지는 않습니다. 물론 Dog君께서는 두 책의 내용이 마구 섞여버렸기 때문에 글의 시제도 뒤죽박죽해졌다고 지적했습니다. 그것이 어떤 부분이라고 특정해주지 않아 확인하긴 어렵겠지만 개정증보를 하면서 이런 점을 염두하지 않은 바는 아닙니다. 비록 꼼꼼히 시제를 처리하지 못한 부분이 있다면 필자의 능력부족임을 인정하겠습니다. 이렇게 뜯어볼수록 많이 부족하지만 1998년 판은 1998년 판대로, 2024년 판은 2024년 판대로 각자의 얼굴이 있으며 그 나름대로 걸맞은 가치와 의미를 갖고 있다고 생각합니다. 다시 강조하지만 2024년 판은 절판된 책을 다시 되살려 발간한 책이지만, 넓은 의미로 해석해서 일부 내용을 수정·보완해 복간한 것입니다. 큰 줄거리와 서술방식은 그대로 유지하고자 했음을 2024년 판 '작가의 말'에서도 이미 밝혀 놓았습니다.

해명 5

무엇보다 이 책의 문제점으로 비판한 것을 보면 "개정증보를 하려고 했으면 100개의 키워드부터 새로 선정하고 틀렸거나 부적절한 내용도 대대적으로 새로 다듬어야 한다"라고 주장했는데, 이에 대해서는 이렇게 답변드립니다. 먼저 '틀렸거나 부적절한 내용'이라고 한 부분에 대해서는 필자가 이미 상당한 분량으로 수정·보완했다고 밝혔으므로, 여기서는 '100개 키워드'에 대해서만 말씀드리겠습니다. 비록 Dog君께서 생각하는 100개의 키워드가 저자의 생각과는 다를 수 있겠으나 이 책에서는 『김경현의 진주이야기 100선』이란 제목처럼 '김경현'이란 저자가 설정한 100가지 이야기라는 점을 분명하게 강조하고 싶습니다. 혹자는 100개의 키워드가 선정된 경위와 기준 및 근거를 대라고 필자에게 요구합니다. 하지만 특별히 원대한 포부를 갖고 시작한 일도 아니고, 미리 정해 놓고 착수한 일도 아닙니다. 진주역사를 공부하는 과정에서 필자의 눈에 띄는 대로 수집한 자료를 갖고 자연스럽게 진행한 일이었으므로, 솔직히 말해 100개의 선정기준은 딱히 없습니다. '100개의 키워드'는 저자가 관심을 갖고 취재해온 글감이 모인 순서대로 집필한 것일 뿐 과거에 국보나 보물에 붙인 순번처럼 특별한 의미나 가치를 부여해 선정한 것이 아니기 때문입니다. 다만 100가지 이야기에서 빠진 논개와 기생 이야기는 후속작『진주 죽이기』를 통해 심층적으로 다루었음을 밝힙니다. 그래서 이 책에 '김경현의 진주이야기'란 단서를 달았으므로 필자는 100선의 키워드를 바꾸거나 새로운 선정기준을 잡거나, 혹은 다시 선정해야 할 필요성이 있다고 생각하지 않습니다. 책 제목처럼 이 책은 '김경현의 진주이야기 100선'이기 때문이지요. 따라서 누군가 김경현의 100선에 대해 문제를 제기하고 키워드를 바꾸거나 새로 선정한 키워드에 따라 새롭게 '진주이야기 100선'을 펴낼 수는 있습니다. 하지만 그것은 별개의 문제이고, 그 대신에 필자는 기존 내용을 유지하는 선상에서 증보판을 냈습니다. 즉 기존 100선 이외에 새로운 이야기 꼭지를 추가해 집어넣는 것보다는 이를 개정하고 보완하는 데 중점을 두고 힘을 기울였다는 점을 다시 한번 말씀드립니다. 따라서 이 책의 전체적인 기획과 구성은 필자가 진주의 역사와 문화를 하나하나

탐색하는 과정에서 필자의 눈과 손에 의해 자유롭게 만들어진 것이고, 이는 증보판에서도 그러한 초간본의 구성을 그대로 따랐다는 점입니다. 그러므로 기획과 구성이 낙제를 면하기 어렵다고 지적한 부분은 관점과 생각의 차이일 것입니다.

해명 6

한편 Dog君께서는 이 책의 기획이 2023년 10월에 시작되었고, 발행일이 2024년 1월 10일이므로 작업기간을 아무리 길게 잡아도 3개월 정도라고 하며, "이 책을 반드시 3개월 안에 펴내야만 하는 불가피한 사정이 있었던 걸까요? 왜 이렇게 무리하게 간행을 서둘렀는지 도통 모르겠다"고 강하게 의구심을 표시했습니다. 그러나 Dog君께서 염려한 것처럼 특별한 이유나 시급한 사정이나, 어떤 의도 같은 것은 없었습니다. 다만 1998년 판을 내놓은 후 필자는 지금까지 한번도『진주이야기 100선』을 잊은 적이 없습니다. 시간이 흐를수록 숙제를 미루는 듯한 불안감이 없지 않았지만 이를 회피하거나 생각을 놓았던 적은 없었습니다. 그러다가 2024년에 발간한 것은 때가 되었다고 생각했고 기회가 왔으므로, 필자의 오랜 숙원을 해결하고 결자해지하는 차원에서 증보판을 냈던 것입니다. 사실 초간본이 나온 후 상당한 시간이 흘렀지만 책에 대한 애정은 필자뿐만 아니라 주변에서도 여전했고 날이 갈수록 증보판을 발간해야 한다는 여론은 더 높아져갔습니다. 그래서 필자가 여건이 될 때까지『진주이야기 100선』증보판을 미루어달라고 요청하기 어려웠습니다.

비록 25년 만에 옛 파일에서 원고를 꺼내 들여다보는 시간을 갖게 되었지만, 만약 필자가 관심을 오래전에 꺼버린 상태였다고 한다면 아무리 능력이 있다고 해도 3개월 만에 책을 낸다는 것은 도저히 불가능한 일이었습니다. 이 모든 것이 가능했던 이유는 지금까지 그러한 인연의 끈을 놓지 않았고 틈틈이 모은 자료와 마음의 준비가 되어 있었기에 가능했던 일이라고 봅니다. 단지 충실하게 책을 펴내지 못했다는 질책과 만족도가 높지 않다는 지적은 인정하겠지만 별론으로 하고, 일단은 오래된 숙제를 끝냈다는 기분입니다. 이 과정에서 부족한 부분에 대한 아쉬움이 없지 않았지만 많은 사람들의 관심과 기대가 크게 작용했고 큰 힘이 되었습니다. 생각하기엔 짧은 기간이었지만 틈틈이 내용을 검토하고 수정·보완하는 작업을 해왔던 터였으므로 어렵지 않게 2024년 판을 내놓을 수 있었던 것이지요. 그러나 개정판을 낼 때 원고를 샅샅이 훑었음에도 불구하고 미처 발견하지 못한 오류가 적지 않았다고 한다면 이는 전적으로 필자의 일천한 경험과 부족한 능력 탓입니다. 하지만 진주에서 멀리 떨어진 타지(필자의 직장은 세종에 있었음)에서 주경야독하며 모든 게 충분치 않은 제한된 여건 속에서 나름대로 최선의 노력을 기울인 작업의 결과였습니다. 이런 점을 감안한다면 필자의 실수와 부족함을 부디 너그럽게 해량해 주면 안될까요?

해명 7

우리 속담에 '쇳뿔도 단김에 빼라'는 말이 있습니다. 그래서 마치 기다렸다는 듯이 『진주이야기 100선』의 맥락을 잇는 후속작업을 신속하게 진행한 끝에, '역사·문화·논개' 비평집으로 『진주죽이기』를 같은 해 11월 연이어 출간할 수 있었던 것은 다행이고 잊지 못할 사연입니다. 이러한 저간의 사정을 이야기하면서, 만약 『김경현의 진주이야기 100선』이 나오지 않았다면 『진주 죽이기』도 나올 수 없었다는 말씀도 감히 덧붙여봅니다. 그런 점에서 『진주이야기 100선』은 『진주 죽이기』를 만드는데 결정적인 기여를 했습니다. 누구나 쉽게 진주의 미래를 점쳐볼 수 없지만 이 두 책은 진주의 과거와 미래를 비춰주는 거울이 될 수 있습니다. 먼저 전자는 진주의 과거를 되살려낸 귀한 역사자료가 되었고, 후자는 이를 비평할 수 있는 해석의 토대를 만들어주었기 때문입니다. 마치 둘이면서도 하나이며 하나이면서도 둘일 정도로 이 두 책은 아주 긴밀하게 연결되어 있습니다. 결과적으로 전자가 후자를 살렸다고 봅니다. 그래서 필자는 소망합니다. Dog君께서 10여 년 전에 『진주이야기 100선』을 맨 처음 읽고 지역사를 공부하겠다는 계기로 삼은 것처럼 이 두 책에 대해서도 이해와 관심을 계속 가져주었으면 합니다. Dog君께서 지적한 이야기들은 말 그대로 필자의 글쓰기와 역사탐구를 다시 한번 되짚어보게 하는 이유가 되었듯이 적어도 두 책은 진주의 역사와 문화를 알아가는데 흥미를 주고, 자신의 삶을 성찰하고 기록하는데 적지 않은 동기부여가 될 것입니다. 이제 그 삶의 성찰로 진주정신을 찾는데 조금이라도 도움이 되는 계기가 된다면 필자로서는 더할 나위 없이 힘이 날 것이고, 이보다 더 좋은 것은 없겠습니다.

『진주 죽이기』의 친일문제를 지적하다*

해밀리(애독자)
의견서 2025년 3월 19일

『진주 죽이기』(김경현, 곰단지, 2024)를 읽은 애독자의 한 사람으로, 이 책에 나오는 친일문제에 대해 몇 가지 생각을 적어본다. 참고로 제1부 진주역사 죽이기와 제2부 진주문화 살리기에 수록된 친일문제를 다룬 부분은 다음과 같다.

김대중 대통령의 친일논란에 대한 「DJ의 일본군복을 보고 싶다」
안중근 의사와 논개에 관한 「어느 두 일본인의 조선인 숭배」
강덕경 할머니의 진주강연에 대한 「수구초심과 일본군 '위안부'」
진주시 마을비석에 새겨진 「'부락'이란 말을 써서는 안 되는 이유」
역사정의를 바로 세우는 작업에 대한 「『친일인명사전』과 '진주정신'」
항일과 친일에 관한 「3·1운동 참여는 했지만 '변절'한 독립유공자들」
친일파명단에 대한 「『일제강점기 인명록』 발간과 『친일인명사전』 편찬」
'항일언론인' 장지연의 사자명예훼손에 관한 「신(新) 시일야방성대곡」

---

* 해밀리는 닉네임이며, 『진주이야기 100선』과 『진주 죽이기』를 탐독한 애독자이다. 친일문제에 대해 관심을 갖고 이를 지적했다.

'가요의 황제' 남인수의 친일노래에 대한 「애수의 소야곡」

　우리는 역사교육을 일본이 한 행동은 무조건 나쁜 것이라고 은 연중에 배워왔다. 하지만 정말 그러한지 한번 생각해 볼 필요도 있다. 어떤 것이든 공(功)과 과(過)는 있기 마련이다. 그렇다고 과를 감싸자는 것은 아니다. 역사적 사실을 균형있고 객관적으로 볼 필요가 있다.

　그리고 친일이 정말 무조건 나쁜 것인지도 생각해 볼 필요가 있다. 일본이 정말 무조건 매도되야 할 대상인가. 일본이 한 행동은 무조건 나쁜 것인가. 일본이 우리나라에 갑오경장을 왜 했을까. 진정한 침략의도가 있었다면 갑오경장을 하지 않은 게 일본에게 우리나라 침략을 함에 있어 더 유리한 것이 아닐까.

　학문용어는 대부분 일본이 만들었다. 그러면 이것도 쓰지 말아야 하나? 무조건적인 일본에 대한 배척은 올바르지 않다. 민족적 자존심에 의한 지나치고 무조건적인 일본 배척은 삼가야 한다. 일본이 잘못한 것은 잊지 안 돼, 미래지향적인 관계를 가질 필요가 있다. 지나친 항일의식은 지양해야 한다. 다만 친일반민족행위진상규명위원회에서 활동한 지은이의 경력을 생각하지 않을 수 없다.

다시 말하지만 민족적 자존심에 의한 무조건적인 일본 배척은 삼가야 한다. 비록 일본과 우리나라가 과거에는 안좋은 일이 있었지만, 일본과 가까운 이웃으로서 미래지향적인 관계 정립도 필요하다. 또한 식민지가 되는 과정에서 우리나라에는 잘못이 없었는지 생각해 볼 필요가 있다. 모든 것을 일본 탓으로만 돌리는 것은 옳지 못하다. 그리고 나라가 힘이 없으면 타 국가의 식민지가 될 수 있다는 역사적인 교훈은 잊지 말아야 할 것이다.

* 해밀리님께서 『진주 죽이기』를 읽고 책에 언급된 친일문제에 대해 몇 가지를 지적했는데, 그 문제의식은 많은 생각을 하게 합니다. 『진주 죽이기』는 진주의 역사·문화·논개에 대한 비평적인 이야기이지만 일제강점기와 관련된 부분에서는 친일문제에 대해 필자의 생각이 강하게 반영되어 있습니다. 이 책에 실린 글은 과거에 필자가 썼던 외부 칼럼들인데, 새롭게 해석하고 설명을 덧붙이는 해제문을 각각의 칼럼에 달았습니다. 그 중 친일문제와 관련된 것은 9가지인데, 이번에 해밀리님께서 보내준 지적을 계기로 친일문제에 대해 다시 들여다보고 독자의 이해를 돕고자 필자의 견해를 밝힙니다. 친일문제는 그동안 역사적으로 민감하고 사회적으로 관심이 높았던 문제였으므로, 이 문제에 대해서는 다음 쪽에서 필자가 평소에 생각한 바를 답변하는 형식으로 글을 정리해보았습니다.

『진주 죽이기』의 친일논란에 대해 답하다

김경현(저자)

해밀리님께서 필자의 책을 읽고 애독자의 한 사람으로 의견을 보내준 것에 대해 감사의 말씀을 드립니다. 짧은 내용이라고 해도 애정이 없으면 쉽게 하기 힘든 일이라고 봅니다. 특히 『진주 죽이기』를 읽고 느낀 소감으로 우리 사회의 민감한 '친일문제'에 대해 말씀했는데, 이는 많은 사람들이 한 번쯤 생각해봤을 문제라고 생각합니다. 또 해밀리님께서는 두 가지의 예를 들어 '갑오경장'과 '학문용어'에 대해서도 물었습니다. 먼저 갑오경장과 학문용어와 관련해 필자의 견해를 간단하게 적어보고, 이어 평소 친일문제에 대한 필자의 생각을 해밀리님의 지적에 대한 답으로 정리하고자 합니다. 이를 위해 필자가 참여한 친일반민족행위진상규명위원회의 활동과 경험에 대해서도 간략히 살펴보겠습니다.

우선 갑오경장과 학문용어에 대한 지적에 대해 답변드립니다. 해밀리님께서는 조선말 갑오경장을 단행하게 했던 일본의 행동을 무조건 나쁜 것으로 볼 수 있는지, 혹은 학문용어를 대부분 일본이 만들었다고 쓰지 말아야 할 것인지를 반문했습니다. 일견 타당하게 들리는 말처럼 보이지만 조금만 더 생각해보면 매우 부적절한 말임을 알 수 있습니다. 이 말은 이른바 뉴라이트에서 주장하는 역사관인 '식민지근대화론(殖民地近代化論)'을 연상시키고 있기 때문입니다. 식민지근대화론은 일본의 침략과 지배가 조선의 근대화에 기여한 측면이 있으므로 단순히 억압과 착취의 관계로만 볼 수 없다는 논리입니다. 예를 들면 일본이 미개한 조선에 서구적 근대화를 위해 철도, 도로, 항만 등 산업시설을 만들었고, 교육과 법률과 학문의 체계를 세워주는 등 한국의 근대화와 산업화를 위해 초석과 다리를 놓았다는 것입니다. 그래서 일본제국주의의 조선침략과 식민지배기간을 '일제강점기'로 보지 않고 단순히 '일본통치시대'로 보면서 일본이 정권을 담당한 시기라는 뜻으로 '일정기(日政期)'라는 표현을 쓰자고 제안하며, 수탈의 의미를 내포한 '식민지배'란 말을 부정하고 있는 것이지요.

한마디로 조선은 대만(타이완)처럼 일본제국의 외지(外地) 영토로서 한 국가에 동일하게 병합된 영토이기 때문에 야만적인 식민지배란 말은 부정확하다고 보는 것입니다. 과연 조선이 일본과 동일한 조건으로 평등하게 병합되었다고 단정적으로 볼 수 있을까요? 예컨대 조선이 일본과 동일한 조건으로 평등하게 병합되었다면 한일합병 후 일본은 본토에 실시한 법체계와 사법제도 등을 조선 전역에도 동일하게 적용해야 마땅했으나, 그렇게 하지 않았습니다. 그 이유는 조선의 문명이 일본에 비해 낙후되었을 뿐만 아니라 민정(民情)의 수준도 달랐다고 판단한 것이었죠. 그러니까 조선을 일본 본토와 다르게 차별적으로 통치해야 한다고 본 것입니다. 이를테면 아무리 가벼운 죄를 똑같이 저질렀어도 일본인과 조선인에 대한 처벌은 달리 적용해 조선인에게만 야만적인 매질을 가하는 태형을 실시했습니다. 즉 조선에 거주하는 일본인에 대한 특례로서, 조선총독부는 1912년「조선태형령」을 공포하고, 즉결심판의 대상이 되는 행위에 대해 일본인에게는 구류 또는 과료형을 부과했으나, 조선인에게는 태형을 실시함으로써 형벌에 대해 차별을 두었던 것입니다.

이처럼 두 국가가 동일하게 병합되었다는 '한일합병'은 말장난에 불과할 뿐 일제강점기는 일본에 의해 조선이 철저히 수탈되고 조선인에 대한 통치는 착취와 탄압으로 점철된 이민족지배의 폭력적인 야만의 역사였습니다. 단재 신채호는 1923년 의열단 투쟁을 위해 "강도 일본의 통치를 타도하고", 앞으로는 절대로 "수탈하지 못하는 이상적 조선을 건설할" 다짐으로 〈조선혁명선언〉을 기초하며 이를 만방에 천명했습니다. 그는 일본의 식민통치를 강도 행위에 비유했고 그들이 수탈하지 못할 이상적인 국가건설을 외쳤습니다. 다 이유가 있었던 것이라고 봅니다. 그동안 일본제국주의는 외세의 침탈에 저항하는 의병을 도륙하고 평화적인 3·1운동을 무자비하게 탄압했으며, 일본 간토대지진 때 화풀이로 애꿎은 조선인을 무차별적으로 살해했고, 일제에 항거하는 독립군을 토벌하는 과정에서 만주에 거주하는 수많은 우리 동포를 학살했는데, 이것은 과연 무엇을 의미합니까?

그런데 3·1운동 후에는 일제가 식민지배방식을 무단통치에서 문화통치로 전환했다고 하는데, 액면 그대로 믿어선 안 됩니다. 이때 사용한 문화통치의 '문화(文化)'라는 말은 '컬처(culture)'가 아닌 '문치교화(文治敎化)'라는 일본어의 줄임말임을 알아야 합니다. 문치교화는 조선인들을 무력이 아닌 문(文)에 의한 통치, 즉 교육과 선전을 통해 머릿속을 바꿔 일본에 동화시킨다는 뜻일 뿐 '문화적(文化的)'으로 통치한다는 말이 절대로 아니기 때문입니다. 쉽게 말해 문화통치는 문화에 의한 통치로, 자연의 약육강식이 아닌 교양있고 인격적으로 대우해 문화적으로 식민지배하겠다는 것이지만 문치교화의 본질은 문화의 뜻과는 상당히 거리가 먼 것이었습니다. 또한 문화통치는 1920년대 초반에 일본에서 일어났던 문화운동과도 아무런 관련성이 없고, 오히려 식민지배의 본질은 무단통치 때와 똑같거나 오히려 겉으로는 그럴듯하게 보이지만 속은 양두구육(羊頭狗肉) 같이 방법적으로 더욱 교묘해지고 교활해졌다는 점입니다. 물론 일제말 침략전쟁의 확대로 감당키 어려운 전황에 이르면 일본은 여지없이 식민지배의 속성과 탄압의 본색을 드러내고, 노골적으로 옥쇄(玉碎)를 강요하며 "다같이 죽자"고 야만적으로 발악하는 등 자멸적 수순을 밟았습니다.

사실 일본이 조선에 철도, 도로, 항만 등을 만든 것은 조선에 대한 물자수탈과 대륙침략을 위한 일본군 수송을 위한 것이었고, 또한 교육과 법률과 학문의 체계를 마련한 것은 원활한 식민지배를 위한 문치교화로서 조선인을 일본인으로 만들고자 한 황국신민화의 일환이었지요. 그중 교육은 황국신민을 육성하기 위한 일본 군국주의의 노예교육이었습니다. 아무리 문치교화를 위한 문화통치행위라고 강변한다 해도 식민지배의 본질은 달라지지 않습니다. 당시 일본은 본토를 가리켜 내지(內地)라고 표현했는데, 이는 한 나라의 영토를 내지와 외지로 구분한 지리적 개념이 아니고 또 다른 시각으로 보자면 내지는 외국이나 식민지에서 보면 본국, 즉 일본을 일컫는 말이었습니다. 그래서 내지인은 일본 행정법상으로 일본인을 의미하며, 조선인(또는 반도인) 등 그 밖의 모두를 외지인으로 규정함으로써 실제로는 차별적 의미를 두었던 것입니다. 그러므로 내지와 외지를 우리의 입장에서 보면 외지는 식민지를 가리키는 것이고, 피지배민족 혹은 피압박민족의 눈에 내지는 식민지배하는 본국을 가리키는 말이라고 볼 수밖에 없는 것이지요. 따라서 일본과 조선은 한 몸이라는 '내선일체(內鮮一體)'나 일본인과 조선인을 비롯해 한족·만주족·몽고족의 단결을 외친 '오족협화(五族協和)' 같은 말은 허울 좋은 기만이라는 것을 알 수 있는 것입니다. 그럼에도 일제는 조선민중의 황국신민화를 위해서는 내지인의 지도 등이 필요하며 모든 수단을 강구해서라도 일본인으로 동화시킬 것을 촉구했습니다. 이와 같이 일본은 내지와 외지를 차별적으로 구분 지으며 외지에 대한 식민지 수탈의 효율성을 높이기 위해 자본과 산업을 조선에 이식해 식민지를 개발하고 자본주의를 부분적으로 성장시켰던 것입니다. 이것은 어디까지나 본국의 이익을 위한 개발이었기 때문에 식민지의 물자와 노동력 수탈 등 조선의 희생은 언제까지나 당연한 것이었습니다.

그렇다면 일본의 제국주의적 침략과 식민지배는 언제부터 시작되었을까요? 물론 그 단초는 1875년 일본군함 운양호의 조선해역 침범사건에서부터 시작되었지만 노골적인 침략은 1894년 일본군의 조선출병에서부터 본격적으로 비롯됩니다. 일본은 조선의 폐정개혁을 요구하며 봉기한 동학농민군을 진압하고 자국민을 보호하겠다는 구실로 일본군을 대거 투입해 조선 땅을 침범했습니다. 한양에 입성한 일본군은 조선의 정궁인 경복궁을 무력으로 점령하고 친일내각정부를 만들어 일련의 개혁조치를 단행했습니다. 그것이 바로 '갑오경장(甲午更張)'입니다. 갑오경장은 1894년 7월부터 1896년 2월까지 여러 차례에 걸쳐 추진되었던 국정개혁으로 맨 처음 갑오년에 시작된 개혁이라고 하여 '갑오개혁(甲午改革)'이라고 부릅니다. 그러나 이를 조선의 근대화조치라고 부르지만 결과적으로 일본의 이익과 개방을 위한 것으로 외세개입에 의해 이루어진 내정간섭에 따른 일련의 피동적 개혁조치였습니다. 이 점을 보여주듯 갑오경장 직후 일본은 청일전쟁을 일으키고 여기에서 승리하자 조선 내 군대주둔을 확고히 하고 조선에 대한 내정간섭을 노골화했습니다. 따라서 갑오경장은 조선이 근대국가의 기틀을 닦은 개혁이었다고 말하지만 이후 야기된 일본의 개입과 정치적 혼란을 볼 때, 결국 일본의 득세와 조선의 식민지화를 재촉하는데 필요한 수순을 밟는 것에 불과한 것이었습니다.

한편 일본은 왕정복고를 계기로 '명치유신(明治維新)'을 단행했고, 자국의 근대화를 위해 서구의 문물을 도입할 목적으로 유럽과 미국에 유학생들을 파견했습니다. 이들이 서구의 학문과 기술을 배우고 돌아와 일본에 모방·이식시킴으로써 서양을 흉내내는 일본의 서구화가 본격적으로 진행되었습니다. 물론 일본의 서양문물수입은 명치유신 이전부터 있었으므로 학문용어도 일찍부터 번역되고 있었지요. 이후 서구의 정치, 경제, 과학, 의료, 철학, 법률, 역사 등 거의 모든 분야에서 관련 용어들이 번역되었는데, 일본이 선발주자였던 관계로 이들 용어는 모두 일본식 한자어로 해석되고 표기되었습니다. 이때 조선이나 청나라, 대만, 월남(베트남) 등 동아시아의 한자문화권에서는 자국보다 먼저 근대화를 이룩한 일본의 영향으로 이런 일본식 어휘나 학문용어들이 여과 없이 받아들여졌고 동일한 의미로 사용되기 시작했습니다. 하지만 데모크라시(democracy)를 민주(民主)라고 옮기고 피플(people)을 인민(人民)으로, 히스토리(history)를 역사(歷史)라고 옮긴 것은 적절한 번역이라고 보겠지만 시빌리제이션(civilization)를 문명(文明)이라고 옮긴 것은 어원을 따져볼 때 개념적으로 시민의식(市民意識)으로 번역하는 것이 더 타당하다는 지적도 있었지요. (시빌리제이션은 일본의 천황주의자 후쿠자와 유키치가 '문명개화(文明開化)'로 처음 번역해 사용하면서 '문명'이란 말로 확산되었다고 알려졌습니다.) 마찬가지로 '정성적(定性的)' 혹은 '정량적(定量的)'이란 일본식 용어는 '질적(質的)' 혹은 '양적(量的)'이란 우리말 한자어로 쓰면 이해하기가 더 쉽습니다. 또 외래어의 경우는, 예컨대 무산계급(無産階級)을 뜻하는 프롤레타리아트(proetariat)를 줄여서 일본인의 발음상 편의를 위해 '푸로(プロ)'라는 일본식 줄임말인 어휘를 만든 것도 그렇습니다.

이렇게 근대화된 일본의 영향으로 일본식 용어가 주변 국가로 널리 확산되어 한자문화권에서 광범위하게 사용된 점은 부정할 수 없는 사실입니다. 특히 한국 사회는 근대 사회로 전환하는 과정에서 일본으로부터 주요한 개념어들을 대부분 받아들였는데, 한국에서 35명의 학자들이 모여 쓴 『역사용어 바로쓰기』(역사비평, 2006)에 따르면 "이 과정에서 적합하지 않은 의미 혹은 연상이 특정 용어와 연결된 경우가 적지 않았다"라고 들며, 예컨대 "국민·민족 등의 말만 생각해보아도 그렇지 않은가"라고 반문했습니다. 그렇지만 만약 서양의 원전에 대해 일본어 번역용어를 하나도 사용하지 않고 온전하게 자국어로만 직접 번역해 사용한다고 해도 마찬가지일 것입니다. 일본에서 들어온 학문용어 등이 이미 우리가 쓰는 한자어로 굳어지고 개념화되어 표준적인 학술용어로 자리잡은 상태이므로 모든 용어를 우리말로 대체하거나 만들어내기는 어려울 뿐만 아니라 굳이 이렇게까지 하면서 새로운 말을 만들어내야 할 필요는 없다고 봅니다. (물론 쉬운 우리

말이 있다면 일본식 용어의 사용은 자제해야겠지요.) 그래서 학문용어를 일본이 대부분 만들었기 때문에 쓰지 말아야 할 것인지를 묻는 것은 실로 우문일 수밖에 없습니다. 다만 명심해야 할 것이 있습니다. 이른바 '조선의 근대화 과정' 속에 숨겨진 이면에는 일본의 간섭과 침략이 기반하고 있었다는 점은 분명히 알아야 합니다. 예컨대 일본의 근대화는 처음부터 군국(軍國)의 과정이었고 그 모델은 구미열강의 군대였다는 점입니다. 그래서 일본의 근대역사학이 일본군 주도로 탄생했다는 것은 그렇게 이상한 일이 아닙니다. 일본의 지리학도 마찬가지로 일본군 육지측량부의 지도제작으로부터 시작되었다고 해도 과언은 아니며, 조선침략을 위한 조선지도가 그렇게 제작되었습니다. 조선말 일본이 조선을 정탐하고 만든 조선전도(朝鮮全圖)는 당시 일본 육군성 참모본부가 1880년대 초반부터 간첩대를 파견해 만든 것으로, 일본군 위관급 장교들이 작성한 군사지도였습니다. 특히 일본의 역사학은 천황제 확립과 침략전쟁 및 식민지배를 옹호하는 수단이 되었습니다. 그렇기 때문에 이것이 식민지조선에 이식됨으로써 식민사학의 토대가 되었고, 오늘날까지 끈질기게 생명력을 이어가며 뉴라이트의 궤변으로 되살아나 반역사적인 논리를 제공하고 있는 것이 아니겠습니까?

따라서 갑오경장이 조선에 의해 독자적으로 추진되지 않았다고 해서, 또는 서구의 학문용어가 조선에 의해 번역되지 않았다고 해서, 이를 이유로 조선의 무능함과 미개함을 드러내는 증거라고 주장하기에는 너무나 일방적이고 지나친 추론이 아닐까 싶습니다. 물론 "식민지가 되는 과정에서 우리나라에는 잘못이 없었는지 생각해 볼 필요가 있다"는 해밀리님의 지적에는 공감합니다. 그렇지만 우리는 외세에 의한 근대화를 결코 바라지 않았을 것이므로 일본이 없었다고 해도 조선은 내재적 힘과 역량으로 스스로 근대적 개혁을 이루었을 것이 분명하고, 서구의 학문 용어도 좀 더 명확히 번역했을 것입니다. 오히려 일본의 식민지배가 없었다면 한국의 근현대사는 해방 전 수탈과 말살로 점철된 역사적 질곡뿐만 아니라 해방 후 분단과 전쟁, 쿠데타 등 식민지배의 유산으로 비롯된 여러 가지 역사적 비극도 겪지 않았을 것입니다. 나아가 친일파로 인한 민족정기 훼손이나 역사정의 왜곡도, 공정과 상식이 무너지는 일도 없었을 것으로 생각합니다. 그래서 일본이 아니었다면 근대화가 안 되었다는 이야기는 어불성설일 수밖에 없는 것입니다. 이는 조선 세종 때 애민정신으로 문자를 창제해 훈민정음을 보급하는 등 인류 역사상 유래가 없는 엄청난 일을 해냈고, 근현대에 들어와서는 진주농민항쟁, 갑오농민전쟁, 형평운동, 3·1운동, 4·19혁명, 5·18민주화운동, 6월항쟁 등을 통해 역사적 분기마다 굴하지 않는 민중의 힘을 보여주지 않았습니까? 이와 같이 불굴의 민중저항과 시민운동으로 민주주의를 만들어간 역동적 역사를 볼 때, 오늘날 그런 소리는 우리 민족의 자생적 능력과 가능성을 과소평가한 것이고 폄훼하는 소리입니다. (어떻게 보면 최근의 12·3내란사태도 시민의 저항으로 막아냄으로써 민주주의를 지켜낸 셈이 되었지요.) 이렇게 스스로를 비하하기에는 우리가 이루어낸 역사적 성과가 간단치 않으며 세상을 바꾸는 사회적 힘과 역사적 자부심도 결코 작지 않다는 점을 명심해야 합니다.

다음은 친일문제에 대해 말씀드리겠습니다. 필자가 갖고 있는 친일문제에 대한 시각은 과연 어떠할까요? 우선 한국에서 일어났던 수많은 과거사문제는 '인과응보(因果應報)의 정의관(正義觀)'을 전제로 하고 있습니다. 마찬가지로 그중 한 가지인 친일청산도 그렇습니다. 예컨대 2003년 민주화운동기념사업회 학술지에는 「과거청산, 어디까지 그리고 어디로」란 제하의 좌담회 내용(강창일 외)이 실려 있는데(《기억과 전망》 2003년 가을호), 그 내용을 보면 "일제로부터 해방되고 나서, 이 나라와 민족을 침략자에게 팔아먹었거나 독립운동을 탄압하고 부귀영화를 누렸던 자들은 단죄되었어야 합니다. 그것이 정의이고 순리"라는 점을 주장하고 있습니다. 이 주장에서 보듯 대부분의 과거사청산에 대해 논의될 때 나오는 정의의 개념이 바로 '뿌린 대로 거둔다'는 인과응보의 원리를 바탕에 두고 있습니다. 필자도 이 정의관을 부정하지 않지만 친일청산은 반드시 해방 직후 끝내야 하는 절호의 기회를 놓친 관계로, 현재는 친일행위자들이 생물학적으로 거의 모두 사라진 상태가 되었으므로 직접적 단죄가 가능하지 않습니다. 그래서 인과응보를 실현할 형사처벌이 불가능하고 재산몰수가 어렵다는 현실에서 역사사회적 정의를 세우기 위한 '도덕적 처벌'을 염두해두지 않을 수 없습니다. 최소한이나마 민족적 양심에 호소하는 것입니다. 이와 관련해 서강대 사회과학연구소 정승현 연구원이 2014년 발표한 논문 「과거사청산의 '정의(正義)' 논쟁과 그 사상적 함의」(《현대정치연구》 2014년 봄호)를 보면, 필자의 이러한 생각에 대한 그의 학문적 해석을 엿볼 수 있습니다. 이를 인용하면 다음과 같습니다.

"응보는 법적 처벌만을 의미하는 것이 아니다. 진실의 규명에 일차적 목적을 둔다고 했던 친일파 문제 역시 도덕적 단죄를 통해서라도 응보의 원리를 실현하려는 의도를 갖고 있었다. 경상남도 지역의 친일파 문제를 연구하며 '밑으로부터의 친일청산'을 적극 내세우고 있는 김경현은 진주지역의 친일파 명단[엄밀히 말하면 일제관공리 및 유력자 명단]을 작성했다. 그는 친일파의 역사적 진실을 기록한 이 책을 통해 후손들 중 "자신의 영달을 유지하기 위해 민족에게 악행을 저지른 조상이 있다면 그 후손은 이를 부끄럽게 여겨야 하고 민족 앞에 죄스러워해야 함이 마땅할 것"(김경현, 56)이라고 강조했다. 이것은 '진실로서의 정의'를 지향했던 친일파 문제도 결국은 '도덕적 연좌제'라는 형태로 응보의 원리를 지향하고 있었음을 보여준다."

물론 필자는 연좌제란 말을 좋아하지 않지만, 역사적 사실로 볼 때 친일파를 조상으로 둔 후손들은 선대의 기득권을 대물림받아 인생의 출발선부터 태생적으로 다른 삶의 조건을 갖고 시작하는 경우가 많았습니다. 그래서인지 많은 세월이 흘렀지만 친일청산은 결코 지워지지도 사라지지도 잊히지도 않을 문제가 되었습니다. 그래서 지금도 친일문제는 우리 사회의 뜨거운 감자이자 반드시 짚고 넘어가야 할 과거사문제의 하나로 특별한 화두처럼 인식됩니다. 필자에게 있어서도 친일문제는 역사문제이자 동시에 이를 해결하기 위해 투쟁한 역사전쟁이기도 했습니다. 또한 한편으로, 앞에서 지적한 바와 같이 해밀리님께서는 친일문제를 거론하면서 무조건적으로 일본을 배척하거나 항일의식을 갖는 것은 올바르지 않다고 강조하며 자존심이나 감정적 대응은 지양하자는 취지로 이야기했습니다. 그렇게 생각함에도 해밀리님은 필자에 대해 "다만 친일반민족행위진상규명위원회에서 활동한 지은이의 경력을 생각하지 않을 수 없다"고 단서를 달았습니다. 그렇습니다. 이 단서와 같이 위원회에서 활동한 필자의 경력을 생각하지 않고서는 친일문제를 이야기하기란 쉽지 않습니다. 필자의 친일반민족행위진상규명위원회(이하 '친일진상규명위원회'로 약칭함) 활동은 친일문제에 대한 입장을 분명히 하는데, 매우 중요한 역할을 한 작용이고 특별한 경험이기도 했습니다. 이 점과 관련해 필자가 역사전쟁에 참여하게 된 동기와 진주를 떠나 서울에서 친일인명사전편찬위원회와 친일진상규명위원회에서 활동하게 된 저간의 사정은 『진주 죽이기』에 어느 정도 잘 설명되어 있습니다. 하지만 필자가 조사팀장으로 참여한 친일진상규명위원회의 활동에 대해서는 그 책에 별도로 서술된 내용이 없고, 독자들도 위원회의 활동을 거의 모르는 것 같아 그 내용을 개괄적이지만 다시 한번 들여다봄으로써 친일문제가 개인의 문제가 아닌 국가적 미완의 과제를 해결하고자 하는 오랜 민족사적 과업이었음을 재차 말씀드립니다.

먼저 친일진상규명위원회는 「일제강점하 반민족행위진상규명에 관한 특별법」에 의해 1904년 러일전쟁부터 1945년 해방까지 일제강점기 동안 일어난 친일반민족행위의 진상을 규명해 민족의 정통성을 확인하고 사회정의를 구현하기 위한 목적으로 조직되어 출발했다는 점을 알려드립니다. 친일문제해결은 해방 후 새 나라를 세우기 위한 신생국가의 가장 큰 책무였고, 이는 이민족의 침략과 식민지배로 훼손된 민족정체성을 바로 세우는 일이었습니다. 그러나 불행히도 1948년 제정된 제헌헌법에 의해 구성된 반민특위가 이듬해 이승만 정권의 친일경찰에 의해 와해되면서 친일파 처단과 처벌은 파행을 겪고 유명무실해지는 등 한국현대사는 첫 단추부터 잘못 끼워지게 되었습니다. 친일반민족행위에 대한 철저한 조사와 단죄가 어처구니없게도 국가권력에 의해 부정되고 파괴되었습니다. 결국 1951년 한국전쟁을 틈타 이승만 정권은 임시수도 부산에서 국회의 의결로 「반민족행위처벌법」을 폐지했고, 그동안 반민법으로 처벌했던 친일파에 대한 판결도 모두 무효라는 결정을 국무회의에서 의결하고 말았습니다. 아무리 민족정기가 땅에 떨어졌다고 해도 이럴 수는 없는 일입니다.

이렇게 친일반민족행위가 역사의 단죄를 받지 않자 친일파들은 후안무치하게도 자신들이 저지른 과오를 훈장처럼 생각하고 우리 사회의 주류로 다시 등장해 애국자인 양 행세하며 기득권 세력으로 활개치기 시작한 것이지요. 주객이 전도되고 본말이 뒤바뀌었으며, 신생국가의 미래는 어둡고 암담했습니다. 반민특위의 활동이 좌절되면서 역사적 교훈을 망각한 대가로 다양한 사회적 문제가 끊임없이 발생하기 시작했습니다. 그 결과, 공정과 상식이 무너진 자리에는 기회주의와 이기주의, 몰상식이 판치는 등 극심한 가치전복 현상이 만연했고, 돈과 탐욕에 눈먼 세상이 펼쳐졌습니다. 무엇보다 심각한 것은 시간이 지나면서 이를 너무나 당연한 것처럼 여기게 되었다는 점입니다. 이에 따라 국민분열의 문이 열렸고 사회질서가 교란되는 등 오랫동안 사회통합을 저해하는 국민적 대립과 갈등을 초래하는 원인이 되었습니다. 그러나 우리 민족은 이러한 역사적 비극과 그로 인해 야기된 병폐를 잊지 않았습니다. 이후 훼손된 민족정기를 다시 세우고 건강한 일상을 회복하고자 하는 국민적 열망과 시민사회의 노력으로, 해방된 지 60년 만에 친일진상규명위원회가 국회의 특별법 제정으로 다시 발족되었습니다. 중단된 반민특위의 활동을 계승한 국가위원회라는 점을 감안한다면 노무현 대통령의 참여정부 때 만들어진 대통령소속 친일진상규명위원회는 늦었지만 반민특위의 연장선상으로 볼 수 있습니다. 2005년 5월 31일부터 2009년 11월 30일까지 활동했던 이 위원회에서 필자는 조사팀에서 친일반민족행위의 진상을 규명하는 조사를 진행했고, 위원회가 종료될 당시에는 조사3팀장으로서 과업을 마쳤습니다.

그 활동기간에 이루어진 위원회의 조사는 총 3차례에 걸친 친일반민족행위결정으로 나타났습니다. 1차 시기해당자로 1904년 러일전쟁부터 1919년 3·1운동까지 106명을 결정했고, 2차 시기로 1919년 3·1운동부터 1937년 중일전쟁까지 195명을 결정했으며, 3차 시기로 1937년 중일전쟁부터 1945년 해방까지 705명을 결정했습니다. 그런데 마지막 시기에 많은 숫자가 몰려있는 것은 친일반민족행위가 1~2차 시기에 끝나지 않고 3차 시기까지 걸쳐 있는 경우가 많았기 때문입니다. 무엇보다 일제가 침략전쟁을 일으키고 조선인을 사지로 총동원할 때 많은 조선인 지식인과 사회지도층 인사들이 변절하고, 심지어 부화뇌동했습니다. 이들은 일제가 조선인 남성은 징용과 징병으로, 여성은 근로정신대와 일본군 '위안부'로 강제동원할 때 감언이설과 선전·선동으로 민족을 속이며 전쟁범죄에 가담했던 공범자들이었습니다. 이와 같이 이른바 친일파로 볼 수 있는 친일반민족행위자 총 1,006명의 행위를 조사하고 결정해 발표함으로써 이중 1,005명의 결정서가 위원회의 보고서에 수록되어 대통령과 국회에 보고되었고 국민들에게도 공개되었습니다. 비록 1명이 법원의 효력정지가처분으로 당시 보고서에서 제외되었으나 이후 소취하로 위원회 결정이 그대로 유지되어 추가 발간한 보고서 보유편에 수록됨으로써 당초 결정한 1,006명이 모두 보고서에 담기게 되었습니다. 이로써 미완의 과제로 끝난 반민특위의 숙원을 풀고 대한민국의 민족정체성과 국가존립의 역사적 정당성을 확보하게 되었습니다. 다만 위원회 활동만으로 완전히 친일청산을 이룬 것으로 보기에는 부족한 점이 있었으나 최소한 역사정의를 바로잡는 데 기여하고 역사적 교훈을 명백히 새겼다는 평가는 받을 수 있다고 생각합니다.

그런데 위원회 활동이 종료된 후 새로운 문제가 본격적으로 불거져 나오기 시작해 치열한 법적 분쟁이 예고되었습니다. 즉 위원회의 친일결정에 불복하는 취소 소송이 제기되었던 것입니다. 이에 따라 필자의 역사전쟁은 끝나지 않았는데, 유족들은 자신들의 선대에 대해 처분한 위원회의 친일반민족행위결정이 잘못되었다고 이를 취소하라는 소송을 국가를 상대로 잇따라 제기했으므로 이에 대응해야 했습니다. 이때 제기된 23건의 소송에 대해 필자는 국가소송수행자로 참여했습니다. 믿기 어렵겠지만 이름만 들어도 세상이 다 알만한 유명한 친일인사의 유족들이 제기한 부끄러운 소송이었습니다. 지금까지 필자가 수행한 소송은 친일반민족행위결정과 관련해 취소를 요구한 행정소송인데, 이를 소 제기한 순서대로 살펴보면 다음과 같습니다. 예컨대 중추원 참의 조진태를 시작으로 이왕가 왕공족 이재면과 이준용·중추원 참의 박승봉·귀족(남작) 이정로·중추원 참의 박희양·중추원 참의 박이양·중추원 참의 박흥규·중추원 부찬의 송헌빈·경제인 김연수·총독부 판사 김세완·중추원 참의 박필병·음악가 홍난파·중추원 참의 손재하·문학가 김동인·귀족(후작) 이해승·총독부 판사 유영·종교인 구자옥·경제인 현준호·총독부 관료 김윤정·귀족(남작) 이능세·언론인 방응모·교육가 김성수·문학가 임학수까지 대상자가 모두 24명입니다. 이 중에 언론인 방응모는 광산업자이자 《조선일보》 사주를 말하고, 교육가 김성수는 《동아일보》 사주이자 현 고려대 전신인 보성전문학교장을 말합니다. 이렇게 소송이 제기된 인원을 다시 사건으로 보면 23건입니다. 그 이유는 흥선대원군의 장남 이재면과 대원군의 손자 이준용이 부자지간이므로 1건으로 볼 수 있는데, 이 두 사람의 후손이 동시에 친일반민족행위결정 취소 소송을 걸었기 때문이지요. 소송의 당사자가 된 이들의 유형을 보면 일본 천황으로부터 작위를 받아 귀족이 된 자들이 많고, 요즘으로 치면 총독부 의결기구는 아니지만 총독의 자문기구로 위세가 있었던, 오늘날 국회의원 쯤에 해당하는 중추원 참의가 압도적으로 가장 많습니다. 또 헌법재판의 대상자는 주로 왕공족이나 귀족, 중추원 참의들이 많은데, 거기에다 조선기독청년회(朝鮮YMCA)에서 총무로 활동했던 사회운동가도 있습니다. 즉 헌법재판 해당자는 이재면과 이준용·조진태·이정로·구자옥·이해승 그리고 중추원 참의 윤치소로 모두 7명이며, 사건으로 보면 6건입니다. 이들 중 흥친왕 이재면·영선군 이준용은 각각 고종의 형과 조카가 되는 거물왕족이며, 청풍군 이해승은 철종의 생부 전계대원군의 고손이 되는 왕족입니다. 반면에 중추원 참의 윤치소는 해방 후 제2공화국에서 대통령을 지낸 윤보선의 친부였습니다. 그동안 이들의 후손들이 자신들의 선대에 대한 친일반민족행위결정 취소를 줄기차게 요구했는데, 그 해당자들의 친일행위를 역사적 측면에서 보면 이들은 부정할 여지가 없는 친일반민족행위를 저질렀던 자들입니다. 단지 이들이 한국근현대사에서 차지하는 비중이 크고 사회적 영향력도 적지 않은 것으로 볼 때 당대의 각 분야를 대표하는 인물들이란 사실에서 이들에 대한 친일반민족행위결정은 매우 충격적이지 않을 수 없었습니다.

따라서 역사전쟁의 장소는 학술의 장에서 법률의 장으로 옮겨졌고 법정에서 역사정의를 세우는 지난한 투쟁이 수년 동안 계속되었습니다. 가장 지난했던 소송은 5년 넘게 걸린 조진태·이해승·김성수·방응모였고, 이해승의 경우는 헌법소원사건이 2018년에야 끝날 정도로 오래 걸렸습니다. 이에 필자는 법정에서 역사적 진실을 밝히는 이른바 '친일소송'과 헌법재판을 오랜 기간 수행했는데, 여러 가지 난맥상으로 비록 적지 않은 어려움이 있었지만 법정에서도 역사정의가 살아있었습니다. 그 결과 다행히도 전부 승소함으로써 위원회의 결정이 당초의 원안대로 유지되었고, 법원이 제기한 위헌법률심판제청 및 유족들이 제기한 헌법소원도 전부 합헌취지의 결정을 받아 특별법의 헌법적 정당성을 확고하게 유지했습니다. 그만큼 해당자의 친일반민족행위는 명백했고, 흔들림 없는 분명한 역사적 사실로 거듭 확인되었습니다. 또한 일제 잔재는 해방 60년이 지났음에도 불구하고 그 유제가 여전히 잔존하고 있었음도 보여주었습니다. 그랬으므로 '친일청산'은 변함없는 역사적 과제이며 시대가 요구하는 정신이란 점을 다시금 확인했습니다. 따라서 국민의 역사감정이나 법감정을 별개로 한다고 하더라도 사법부나 헌법재판소의 판단 역시 이 문제에 대해서는 한결같이 단호한 입장을 취하고 있었다는 점을 분명히 보여주었습니다. 누구나 생각과 입장이 다를 수는 있겠지만 다른 의견이나 관점을 무조건 배격하고 배척하는 것이 아니라 옳은 것을 보자는 것입니다. 식민지배를 겪은 우리 민족에게 있어 친일문제는 단순히 과거의 문제가 아니라 현재의 문제이고, 상반되는 의견이나 다양성과는 전혀 다른 문제이기 때문입니다.

이상과 같이 위원회 활동과 필자의 대응을 살펴볼 때 필자에게 있어 친일문제는 순전히 개인적 사명감이나 감정적 대응에서 나온 것이 아니었으며, 궁극적으로 역사의 진실을 밝히기 위해 요구된 민족사적인 소명과 시대정신에 따른 것이었습니다. 너무 거창하게 말했나요? 하지만 사실입니다. 친일청산은 당연한 역사 인식을 재확인함으로써 훼손된 민족정신과 국가 정체성을 새롭게 회복하고 책임지겠다는 강력한 의지를 상징적으로 드러내는 말입니다. 마땅히 해야할 일을 한 것입니다. 그러므로 친일청산은 민족적 대의(大義)이고 국가적 사명이라고 강조하지 않는다고 해도 부정한 시대에 횡행했던 불의에 대해 일말의 양심과 역사의식이 조금이라도 남아있는 한국인이라면 누구든지 뛰어들 일이었습니다. 다시 말해 친일청산은 일본에 대한 무조건적인 배척이나 감정적인 항일의식의 발로가 아니었음을 밝히며, 그 동기는 민족사적 정통성과 역사정의라는 탑을 바로 세우고자 한 문제의식에서 비롯되었음을 말씀드립니다. 단지 우연한 기회에 필자가 거기에 참여해 작은 돌 하나를 보탰을 뿐입니다.

『진주 죽이기』에 담긴 기생에 대한 논란*

김주완-김경현 (카톡)
카카오톡 2024년 9월 16일

　A주장 : 교방문화의 핵심은 예술, 즉 가무악이라 생각하고, 그것은 이미 국가·시도 무형유산으로 지정되어 전승되고 있고, 개인들은 보유자로 지정되어 명예도 얻고 존경도 받아 왔는데, 그 외 무엇을 이야기하고자 하는지 궁금하고, 또 교방음식이라니? 궁중음식이라면 모를까, 그렇게까지 구분할 내용이 있는가 궁금하다. 최근 교방을 자꾸 강조하는데 '교방팔이'를 하는 의도가 궁금하다. 진주의 무형유산은 교방·기방 예술만 있는 것이 아니다. 교방문화·교방예술보다는 관속문화·관속예술이라는 용어가 더 맞다. 반대로 민속문화·민속예술이 있듯이…. 신분사회에서 천민이었던 기생들이 어떤 삶을 살았을까? 특히 권력층에게 기생들은 어떠했을까? 민중문화는 풍자와 해학 속에서 기존 질서를 비판하고 새로운 세상을 추구하지만, 교방문화는 악가무의 예술성을 제외하고 무엇이 있어 마치 묻혀있던 보석이나 발견한 듯이 교방을 노래하는 걸까?

B주장 : 1910년대와 1920년대의 '기생 관련업'은 진주보다 대구가 더 컸던 것으로 알고 있습니다. 100여 년 전의 기생들이 추던 춤과 노래…. 좋습니다. 지역 예술로 발전했다고도 봅니다. 다만 '교방'이라는 게 진주를 대표하는 전통, 예술, 음식… 인지? 우리가 지고지순하게 지켜야 하는지는 좀 의문입니다. 다른 지역과의 관계 속에서 진주기생들의 생활과 문화, 그들의 삶을 연구하고 그들의 춤과 음악을 이어가는 딱 그 정도의 공간만 차지했으면 어떨까 합니다. 좀 연구를 해봐야겠지만 또 나라 잃었던 시기의 교방이 일본의 '게이샤'와 어떻게 다른지도 좀 궁금하기도 합니다.

김주완 작가

위에서 두 사람이 주장한 말에 대해 어떻게 생각하는지? 교방문화를 좀 나쁘게 본다면…. 그냥 권력자들 비위 맞추고 그들에게 즐거움을 선사하기 위한 가무악이 아니라, 다른 가무악과는 다른 독자적인 예술성이나 정신적 가치가 있는지 궁금합니다. 있다면 그것이 무엇인지도….

김경현 저자

『교방가요』를 역주한 성무경 박사가 쓴 글을 일단 올립니다.

"당대 지방 관변에서 각종 기예를 담당하던 교방의 기녀들이 진연(進宴)·진찬(進饌)과 같은 궁중의 각종 큰 잔치에 선상(選上) 되어 장악원에 소속, 더욱 세련된 고급 기예를 익혀 어연(御宴)에 참가하고, 역(役)이 끝나면 다시 본향(本鄕)의 지방 교방으로 내려와 문화를 전파하는 독특한 문화 소통구조가 있었기 때문에 가능했다. 거꾸로 조선 후기에는 지방에서 창조된 각종 기예가 문화의 중심인 서울, 특히 궁중으로 진출하는 예도 적지 않았는데, 이러한 경향 간 대등한 문화창조와 교류는 오늘의 서울 중심 문화구조에 비추어 볼 때 시사하는 바는 적지 않다."

교방문화의 정신적 가치가 있는 원류는 아무래도 의기의 전통에서 찾아야 할 것입니다. 의암별제의 노래가 논개의 거룩한 희생에 대한 진혼곡이라면 제단에 올려진 기생들의 춤인 진주검무 등 교방의 악가무는 논개의 희생에 대해 바치는 헌무일 것입니다. 제가 1999년 처음 의암별제에 참여하기로 작심한 것은 단순히 기생의 전통문화로서 교방문화를 계승하자는 차원이 아니라 남녀와 세대 간의 통합과 어우러짐에 대한 가능성과 희망을 보았기 때문입니다. 그래서 축제의 정신을 논개의 희생에서 찾았고 교방의 훌륭한 예술성과 더불어 민족성과 민중성을 발견할 수 있었던 것입니다.

따라서 의암별제에 민족문제와 여성문제로서 정신대문제를 넣어 정대협(挺對協)[한국정신대문제대책협의회] 강연과 독립영화 〈숨결〉을 상영할 수 있었던 것이고, 진주난봉가는 락 버전으로 만들어 의암별제 음복연(飮福宴)으로 개최한 논개락페스티벌 무대에 올릴 수 있었으며, 진주시민들을 대상으로 진주교방의 먹거리로 진주비빔밥을 음복음식으로 무상제공하기도 했었지요. 이런 축제의 정신이 저를 매료시킨 것입니다.

그런데 이런 실험성이 너무 강했던지 내·외부적 공격에 직면했고 소위 '민중문화'라고 표방한 측의 공격은 매우 아픈 것이었습니다. 의암별제의 실험성이 좌초되고 역사전쟁으로 떠날 수밖에 없었던 당시를 생각하면 지금도 안타깝습니다. 당시 진주 문화권력을 잡기 위한 집착은 기득권이나 비기득권이나 마찬가지였습니다. 더 말하고 싶지만 이만 그칠게요. 제 원고『진주 죽이기』를 다 읽어보시면 제가 하는 말이 무슨 뜻인지 알 수 있지 않을까요?

김주완 작가
네 알겠습니다. 좀 이해할 것 같습니다.

* 필자는 Dog君과 해밀리님의 지적에 대해 해명하는 답글을 앞에서 썼으므로 '기생에 대한 논란(김주완-김경현 카톡)'에 대해서도 필자의 생각을 정리해 보고자 했습니다. 그러나 이 부분은『진주 죽이기』의 본문에서 충분히 다루고 설명했다는 생각이 들었으므로 이 책에서는 더 이상 해명하는 글을 따로 싣지 않았습니다.

이렇게 자세히 쓴 지역사는 드물다

김용재(행정안전부 사무관)
《곰단지야》 2025년 5월호

　진주는 임진왜란의 3대 대첩지이며, 전국에 널리 명성을 날렸던 역사, 문화, 행정의 큰 고을이었다. 다만 예전에 비해 그 존재감이 많이 감소한 것이 사실이다. 도시는 시대상황에 따라 발전과 쇠퇴를 반복하며, 근대 이후에는 바다와 접해 있거나, 주요 철도가 지나가거나, 공업지대가 있는 곳에 도시가 주로 성장하였다. 예컨대 부산, 인천, 창원 등은 근대 이후 급격히 성장한 도시였으나 이에 비해 진주는 상대적으로 성장이 더뎠다. 어떻게 보면 진주는 과거의 명성을 근근히 이어가고 있는 도시라고 할 수 있겠다.
　하지만 예전에 진주는 꽤 번화했던 도시였다. 진주에 기생이 많았다는 것은 진주에 돈을 잘 쓰는 사람들이 많았다는 것을 의미하며 진주가 그만큼 잘 사는 지역이었다는 것을 말해준다. 지금의 진주 이미지와는 사뭇 달라 보인다. 또한 진주는 학문과 예

김용재는 서울대 국사학과를 나와 공직에 입문했으며 역사에 관심이 많다. 행정안전부에서 행정사무관을 지냈다.

절을 받드는 고장이면서 동시에 색향이라고 불려서 이중적인 특이한 면을 가지고 있었다. 다만 글쓴이가 강조하듯이 진주는 음란한 색향의 고장이 아니라 멋을 아는 풍류의 고장이었다. 나아가 도덕을 알고 문화예술이 발달한 예향이었다. 진주에는 흥취나 풍류를 알고 즐기는 아름다운 유희와 미풍양속을 보여주는 훌륭한 문화와 예술이 있었고, 현재까지 그 맥이 이어지고 있음을 글쓴이의 최근 저작 『진주 죽이기』를 통해 알 수 있다.

한때 영남의 중심지였던 진주는 과거에 비해 존재감을 상당히 상실하였지만 진주농민항쟁의 저항정신과 형평운동으로 대표되는 인권존중의식이 지금까지도 이어져 남아있다고 볼 수 있다. 형평운동은 인간존엄과 평등을 강조하며 백정계급의 해방을 위해 진주에서 1923년 4월에 형평사가 결성되면서 시작되었으며, 형평사는 창립 1년 만에 전국적으로 지사 12개, 분사 64개가 조직되는 등 그 세력이 확대되었다.

갑오개혁으로 신분제가 없어진 지 40년 가까이 지났음에도 그 당시 백정에 대한 차별이 심각했음을 말해 준다. 백정은 가장 천대받는 직업으로서 진주에서 백정해방운동이 일어났다는 것은 진주에 인권존중이라는 '진주정신'이 있었음을 말해준다. 이 책의 글쓴이가 과거에 주도적 역할을 하였던 『친일인명사전』편찬 작업도 민족정체성과 역사정의를 바로세우는 작업이라는 점에서 올곧은 진주정신을 구현하는 수단이었다. 이러한 작업은 진주정신을 되살리는 데 기여하고 친일잔재청산이라는 역사적 과

업과도 연결되어 있었다.

　최근 도시화가 진행되면서 옛것은 갈수록 사라지고 있다. 불과 몇 년 전만 해도 논밭이었던 지역에 고층아파트가 들어서고 있다. 지역개발도 중요하지만 옛것의 보존도 중요하다. 옛것 자체가 돈으로 환산할 수 없는 국가문화유산이자 지역문화유산인 것이다. 글쓴이의 지역사에 대한 책『진주이야기 100선』과『진주 죽이기』를 읽어보면 특정 지역에 대해 이렇게 자세하게 쓴 자료는 보기 드물다는 생각이 든다. 무엇보다『진주 죽이기』를 통해서 향토사의 체계적인 정리와 향토문화의 보존이 중요함을 알게 되었다.

　글쓴이는『진주 죽이기』에서 논개와 관련된 이야기에 상당부분을 할애하고 있다.『진주 죽이기』에 나오듯이 의암별제는 논개를 위한 제사로서 1868년 진주목사 정현석의 주도로 진주기생들이 주체가 되어 진주성 촉석루에서 창제되었다. 그러나 의암별제가 가진 민족성으로 인해 일제의 반대로 일제강점기에 행사가 중단되었다가 1992년 진주검무의 인간문화재인 운창 성계옥 선생에 의해 복원되었다.
　이 의암별제는 단순한 제례가 아니라 악·가·무가 있는 여성 제례의식이며, 당대 교방문화를 집약시킨 종합가무제라고 한다. 신분제도가 있었던 1868년에 차별받았던 여성천민인 기생이 의암별제를 주도했다는 점에서 당시 의암별제를 설계한 진주목사 정현석이 매우 깨어있는 사고를 하였음을 알 수 있다. 최근인 2024년 5월 3일에 진주에서 의암별제가 성대하게 개최되었으며, 그 명맥을 지속적으로 이어나가고 있다. 의암별제는 단순한 기생문화가 아닌 지키고 보존해야 할 진정한 의미의 전통문화인 것이다. 의암별제를 통해 논개의 후예라는 진주기생의 자존심과 진주라는 도시의 자부심을 느낄 수 있다.

그리고 『진주 죽이기』에 논개와 관련된 여러 가지 논란이 소개되고 있는데, 논개와 관련된 이야기가 사실인지 아닌지 여부는 중요하지 않다. 논개로 인해 우리 민족이 단결하게 되고, 나라를 위해 희생하는 정신과 국난극복의 정신을 후손들이 배우고 되새길 수 있다는 점이 중요하다. 임진왜란과 같은 나라의 위기가 닥쳤을 때 제2의, 제3의 논개가 나올 수 있는 것이다. 논개는 수많은 소설, 시, 노래의 주인공이 됨으로써 우리민족의 가슴속에 남게 되었고 민족혼으로서 영원히 자리 잡게 되었다. 그래서 단순히 진주지역만의 논개가 아닌 것이다.

또 『진주 죽이기』의 기생과 관련된 내용을 보면서 과거 신분제도의 부당성을 언급하지 않을 수 없다. 기생은 악·가·무와 관련된 고도의 전문성을 지닌 전문가이다. 다만 과거에 악·가·무의 기능이 천시되었으므로 그 기능을 하는 사람이 천민으로 대우받게 되었다. 지금과 같은 시대에 태어났더라면 연예인으로서 크게 대우받았을 것이다.

한편 우리나라는 신분제가 철폐된 지 130년밖에 안 되었지만,

짧은 기간에 신분제 개념이 거의 없어졌다는 점은 굉장히 다행스럽다고 할 수 있겠다. 다만 과거 신분제의 잔재인 직업에 대한 귀천의식은 아직 강하게 남아있어서 대한민국의 발전을 크게 가로막고 있다. 2024년 4월에 한국직업능력연구원이 직업에 대한 귀천의식을 조사한 결과 미국, 일본, 독일, 중국에 비해 우리나라의 직업에 대한 귀천의식이 매우 강한 것으로 나타났다.

이처럼 직업에 대한 귀천의식은 우리나라의 문제점인 지나친 대학입시 경쟁과도 연결되어 있다는 생각이 든다. 특히 '사'자가 붙은 직업[의사, 판·검사, 변호사, 회계사 등]에 대한 지나친 선호현상이 문제이다. 직업에 대한 귀천의식은 상대적으로 천하다고 간주 되는 직업인의 삶의 만족도를 떨어뜨리고 있다. 국가와 사회의 발전을 위해서는 어느 직업이든지 중요하고 소중하다. 이는 우리 국민 모두가 생각을 바꾸고 노력해야 하는 중요한 문제이다. 그런 점에서 형평운동이 보여준 신분차별 철폐운동은 역사적으로 매우 중요하고, 현재에도 적지 않은 시사점을 던져주는 의미 있는 인권운동이다. 이를 보여주듯 상대적으로 여성에 대한 차별의식은 거의 없어졌다고 할 수 있다. 남아선호사상이 없어진 게 단적인 예이다.

『진주 죽이기』는 많은 것을 가르쳐 준 책이다. 비록 일부에서 글쓴이의 지나친 감정이 드러나는 등 문제점이 아주 없는 것은 아니지만『진주 죽이기』를 통해 전통문화의 가치를 알게 되고 영남지역의 대표도시인 진주라는 도시에 대해 알게 되었으며, 인간존엄과 평등의 중요성을 다시 한 번 알게 되었다. 글쓴이의 후속작이 기대된다.*

* 이 서평을 쓴 글쓴이는 마지막 문단에서 "비록 일부에서 글쓴이[저자 김경현을 말함]의 지나친 감정이 드러나는 등 문제점이 아주 없는 것은 아니지만"이라고 표현했습니다. 이와 관련해 글쓴이는 이 글에 앞서 쓴 초고에서 '저자의 지나친 감정'에 대해 이렇게 말했습니다. "진주는 색향의 고장, 북평양 남진주라고 한다. 이 두 고장은 기생이 많은 색향으로 유명하다. 『진주 죽이기』 지은이의 밑처럼 기생들의 사회직 신분과 억휠이 그렇게 할 수밖에 없도록 강제되었던 이유가 더 컸다. 그런데 선교사의 관점은, 진주성은 방탕함과 음란함이 가득하다고 했다. 그래서인지 지은이는 '색'에 대해 적나라하게 여과 없이 언급했다. 지은이의 솔직한 성격이듯 성적 문제를 여과 없이 책에 기록했다. 그러나 기생은 기예가 출중한 여인. 즉 예기로 봐야 한다. 기생은 문화적 수준이 높은 사람들이다"라고 지적했습니다. 이에 대해 저자인 필자의 의견은 기본적으로 글쓴이의 생각과 동일하므로 특별하게 이야기할 것이 없지만 한 가지는 분명합니다. 기생을 한 인간이나 예술인으로 보지 않고 오로지 성적 노리갯감이라고만 본 것에 대해 참을 수 없는 감정을 갖고 있었다는 점입니다. 결국 글쓴이가 말한 '저자의 지나친 감정'이란 기생과 논개에 대한 마타도어(선정적인 표현과 기생 비하 및 혐오 유발)에 분노하며 질타했던 감정을 말하고 있는 것입니다.

『진주 죽이기』의 역설,
진주의 문화와 역사 살리기

이용창(민족문제연구소 연구위원)
《곰단지야》2025년 6월호

　김경현은 진정한 '대한민국 시민'이다. 스스로 "경북 안동에서 태어나 대구를 거쳐 광주에서 자랐고 경남 진주에서 살다가 서울과 세종에서 활동했던 이른바 '전국구 시민'이지만 진주를 가장 사랑한다"(「필자 소개」)라고 밝혔으니 말이다. 다양한 이력만큼 그가 견디고 버텨온 삶의 뿌리가 진주에 있다고 보는 게 당연하다.

　1985년 학업을 위해 타지인 진주로 갔다. 1990년대 초반부터 무디지만 부지런하게 한 걸음 한 걸음 진주의 곳곳을 답사하고 취재하며 자료를 수집해 1998년에 자신의 첫 저작인 『진주이야기 100선』을 출간했다. (이 책은 2024년 1월에 『듣도 보도 못

이용창은 중앙대 불문학과를 나와 역사학을 전공하여 중앙대 대학원 사학과에서 박사학위를 취득했다. 『친일인명사전』 편찬에 헌신했으며, 민족문제연구소 책임연구원으로 편찬실장과 연구실장을 거쳐 연구위원과 친일인명사전편찬위원회 사무국장을 지냈다. 주요저작으로 『세대·이념·종교를 아우른 민중의 지도자 권동진』이 있다.

한 진주역사 : 김경현의 진주이야기 100선』으로 증보판을 냈다.)
2000년대 초·중반에는 《경남도민일보》, 《진주신문》, 《경상대신문》, 《의암별제》 등에 칼럼과 비평 글을 꾸준하게 발표했다. 그러면서 악전고투하며 1999~2000년에 『명석면사』 편찬에도 참여했다.

지금도 그렇지만 당시 전국적으로 면의 역사(面史)를 깊이 있게 다룬 기록물은 드물었다. 『명석면사』는 기존 지방지의 전형적인 틀, 역사·문화·유래 등을 유지하면서 경남 진주시 명석면에서 일어났던 민간인 학살의 아픔을 실증적으로 추적해 알리고 친일 문제도 함께 밝혔다. 보람도 있었지만 아픔이자 '치욕'도 겪었다. 25년여가 지난 2024년, 『명석면사』에 기록된 민간인 학살을 근거로 국가 차원의 진실 규명이 이뤄지는 토대를 제공했다. 한편으로, 저자가 자신의 또 다른 책 『일제강점기 진주 인명록 I -진주지역 관공리·유력자』(민족문제연구소, 2005)에서 밝혔듯이, 『명석면사』에는 명석면에서 태어난 하판락(河判洛, 1912~2003, 창씨명 河本判洛·河本正夫)의 친일 부역 행적이 하씨 문중의 반발로 모조리 삭제되는 '분서갱유'를 당했다.

물론, 하판락은 『진주 인명록』에 나온 3,387명뿐만 아니라 『친일인명사전』에 등재된 4,389명과, 『친일반민족행위진상규명 보고서』에 수록된 1,006명에도 모두 포함됐다. 저자의 『진주 인명록』은 2005년 제1회 임종국상의 학술부문에 선정됐고, 이후에 저자는 민족문제연구소가 주간한 친일인명사전편찬위원회의 편찬위원으로『친일인명사전』집필에 참여했으며 대통령소속의 친일반민족행위진상규명위원회에서 '친일 경찰' 분야를 담당했고, 이후 조사3팀장을 맡아 종교 분야를 총괄했다. 반민규명위원회가 해산된 후부터 지금까지 행정안전부 과거사관련업무지원단에서 전문위원을 맡아 정부 차원의 친일 청산을 마무리했다. 이 일은 전문위원으로서 친일파 후손들이 제기한 수많은 '친일반민족행위 취소 소송'에 직접 대응해 이들의 선대에 대한 친일반민족행위결정을 원안대로 유지하는 데 학술적·법적 근거를 제시하는 것이었다.

이와 같이 그가 이 일에 헌신하게 된 이면에는 이런 사연이 있었다. 때는 2003년 5~6월경이다. 불현듯이 연재하던 칼럼과 방송을 중단하면서 아무런 해명도 하지 않아 논란을 증폭시켰으나, 침묵했다. '궁금증'은 '의문'이 되고 '의혹'으로 번졌지만 끝내 입을 열지 않았다. 모두가 나중에야 알게 되고 이해했던 사실이지만, 이미 '역사 전쟁'에 뛰어들기로 작정했던 터였다. 20여 년 몰두해 온 '진주'라는 지역의 역사와 문화를 탐구하면서 왜곡된 역사와 문화도 경험했다. 그러면서 진주라는 한 지역을 넘어 우리 근현대사가 뒤틀리게 된 결정적인 이유는 '친일'을 제대로 청산하지 못한 것에 있음을 확신하게 됐다. 외지에서 자란 20살 풋풋한 청년이 낯선 진주에 와서 이곳에 기반한 문화의 소중함을 몸소 겪으면서 '역사 정의'를 실현하겠다는 일념으로 '루비콘강'

을 건넌 것이다.

저자는 예전의 칼럼 「가지 않은 길과 루비콘강」(2003.5.21.)을 저서 『진주 죽이기』 속에 엮어 넣으면서 제목을 「프로스트의 시를 음미하며 주사위를 던진다」로 바꿨다. 시저가 루비콘강을 건너 로마로 진격했듯이, 자신은 진주를 떠나 '친일 청산에 남은 삶을 바치겠다'라는 의지와 결단을 로버트 프로스트의 시(詩) 「가지 않은 길(The Road Not Taken)」에 빗대 표현한 것이다. 그렇게 친일 청산에 의기(義氣)롭게 몸을 던졌다. 마치, 의기(義妓) 논개처럼!!!

강물은 바다를 포기하지 않는다고 했던가! 김경현이 선택한 여러 갈래의 길 중 먼저 간 길과 나중에 간 길은 다시 하나의 길로 이어진다. 마치 1998년 첫 저서 『진주이야기 100선』이 25년이 지난 후인 2024년 개정증보판으로 『김경현의 진주이야기 100선』이 되어 다시 출간된 것처럼 말이다. 그런데 이번에는 『진주 죽이기』라는 도발적인 이름의 책을 발간했다. 물론 이 책도 전혀 새로운 것은 아니다. 2000년대 진주 지역 신문 등에 발표한 칼럼을 모으되 '사실'이 '사실'이 아니었던 것을 확인해 '사실'로 바로잡는 성실함을 더한 책이다.

『진주 죽이기』의 저자는 말한다. "진주 죽이기에는 역사 죽이기가 있고 역사 죽이기에는 민족 죽이기가 있는데, 민족 죽이기는 민족정체성을 죽이는 것이고, 여기에는 청산하지 못한 역사인 친일 문제가 있다"라고. 풀어보면, '진주 죽이기'는 진주를 정말 사랑하는 '진짜 진주사람 김경현'이 진주(晋州)를 진주(珍珠)처럼 빛나게 살리려는 극약 처방의 심정을 담은 책이라고 할까.

『진주 죽이기』는 1~2부에 진주의 역사·문화 관련 37개의 칼럼을 배치하고 3부에는 논개를 주제로 새롭게 쓴 5개 꼭지로 구성했다. 제1부 '진주역사 죽이기'는 '역사에 초점을 맞춰 문화와 생활사 및 세계사적 의미'를 다루고, 제2부 '진주 문화 살리기'는 문화적 자산에 대한 문화 비평에 초점을 맞췄으며, 제3부는 '논개를 위한 변명'이면서 "논개를 둘러싼 온갖 마타도어에 대한 반박"이라는 부제를 붙였다. 마타도어(Matador)는 흑색선전(black propaganda)를 말한다. 특히 제3부의 비평글은 지금까지 언급되거나 논란이 된 논개에 관한 모든 것을 들여다보고 해부한 것으로 논개를 둘러싼 수많은 궁금증과 의문을 풀어준다. 그야말로 '논개의 모든 것'을 담은 '논개 사료'의 백화점이다. 그렇다고 논개에 대한 이야기가 완결된 것은 물론 아니다.

그런 의미에서 『진주 죽이기』는 『진주이야기 100선』과 다른 '결기'가 보인다. 후자가 그야말로 '진주의 역사와 문화'에 집중한 것이라면, 『진주 죽이기』는 날카로운 붓으로 전방위적인 '역사·문화 비평'을 종횡무진으로 휘둘렀다. 여기에 더해 오래전의 글이었던 만큼 바로잡을 것은 바로잡으면서 전하지 못했던 이야기를 친절하게 해설하는 미덕도 담았다. 시간이 흘러 '역사'가 됐을지언정 칼럼을 쓸 때의 감성과 정서는 한층 풍미를 더한다.

　김경현이 뚜벅뚜벅 걸어 온 40여 년의 '역사·문화 탐구와 글쓰기'가 계속됐으면 좋겠다. 날카롭고 비판적이지만 세상을 바라보는 따뜻함과 이면의 무언가를 갈망하고 이를 사람들과 공유하려는 자신만의 글짓기가 계속되기를 기다려 본다. 덧붙여 '역사 전쟁'에 나선 20여 년의 공직 생활은 머지않아 마감하겠지만, 이제 '전국구 시민'이 아닌 '진주시민'으로서 시간과 공간과 활자의 자유로움을 여유롭게 만끽하기를 바란다.

진주정신의 역사사회학 : 두 책의 발간에 부쳐

김명희(경상국립대 교수)

『김경현의 진주이야기 100선』과 『진주 죽이기』까지 포함하면 나는 저자 김경현을 세 번 읽었다. 책을 읽은 것이 아니라 사람을 읽었다고 감히 말하는 것은 그럴만한 까닭이 있기 때문이다. 신영복 선생께서는 무릇 독서(讀書)는 삼독(三讀)이라 하셨다. 독서 삼독이란 먼저 텍스트를 읽고, 다음으로 그 필자를 읽고, 그리고 최종적으로 그것을 읽고 있는 독자 자신을 읽는 독법을 말한다.

저자의 '텍스트'를 처음 접한 것은 2018년 경상국립대 사회학과에 부임한 이후의 일이다. 오랫동안 거닐던 서울을 떠나 새로운 삶의 장소인 이곳 진주에서 얼마간 숨을 고른 후, 가장 먼저

김명희는 성공회대 사회학과를 거쳐 같은 대학원 사회학과에서 박사학위를 취득하고 건국대 연구교수를 지냈다. '가습기살균제사건과 4·16 세월호참사 특별조사위원회' 자문위원을 비롯해 5·18 기념재단 연구소 운영위원과 일본군 '위안부' 연구회 부회장으로 활동했으며, 경상국립대 사회학과 교수로 재직했다. 주요 저작으로 『통합적 인간과학의 가능성 : 맑스와 뒤르케임의 실재론적 귀환』, 『경남 근현대사 : 사건, 공간, 운동』(공저), 『다시 쓰는 자살론 : 자살국가와 사회정의』 등이 있다.

시작한 작업이 경상국립대학교 사회학과에 〈기억과 사회〉라는 수업을 만든 일이다. 그 수업을 바탕으로 학생들에게 저마다의 생애사를 관통하는 지역의 역사를 발견하고 다시 쓰는 작업을 제안하며, '지역 공공역사 전문가 양성과정'이라는 비교과 프로그램을 기획했다. 중앙 중심, 이론 중심의 공부 방식을 탈피해 지역에 기반한 지식 생산과 역사 쓰기를 실천하고자 했던 오랜 숙원의 발로였다.

그 과정에서 사회조사분석실의 먼지 쌓인 서고에 무심히 꽂혀 있던 저자의 책, 『민중과 전쟁기억 : 1950년 진주』(2007)을 발견하고 마치 숨은 진주를 찾은 것처럼 가슴이 뛰었던 기억을 지금도 잊을 수 없다. 내가 앞으로 행하고자 뜻한 작업을 이미 누군가가 이곳에서 하고 있었다는 놀라움도 있었지만, 석사논문을 책으로 낸 것임에도 방대한 문헌과 사료를 두루 섭렵하여 1950년 진주가 겪었던 한국전쟁의 시공간을 치밀하게 복원해 낸 학자적 엄밀성에 경탄하지 않을 수 없었다. 그 책을 읽고 어떠한 망설임도 없이 지역 공공역사 프로젝트의 첫 강사로 저자를 초청했고, 2020년 10월 저자와 함께 진주의 역사 현장들을 답사하는 호사를 누릴 수 있었다. 그때 저자의 안내를 따라 학생들과 함께 밟았던 장소들 가운데 형평운동가 강상호 선생의 묘지와 김장하 선생이 추모의 마음을 담아 세운 것으로 최근 밝혀진 묘비도 있었다. 지금 생각하면 그 누구도 아닌 저자를 통해 진주의 역사를, 그리고 저자가 쫓고 있는 진주정신이 현현하는 역사 현장을 접할 수 있었던 것은 더없는 '행운'이었다.

그로부터 얼마 되지 않아 '저자'를 읽을 기회를 다시 갖게 된 것은 또 다른 의미에서 '행운'이었다. 2021년 1월 1980년 중학교 2학년 나이로 광주를 살았던 저자의 생애사를 집단 트라우마의 사회사 속에서 교차시키는 작업을 위해 그를 다시 만났다. 스스로 밝히듯 저자는 안동에서 태어나 대구를 거쳐 광주에서 유년기와 청소년기를 보냈고, 진주에서 대학을 다니고 청년기를 지냈으며, 세종과 진주를 오가며 지역의 역사 문화 탐구와 글쓰기에 매진해 온 독특한 생애사적 이력을 갖고 있다. 그는 한때《진주신문》이라는 옛 지역신문의 기자였고, 일찍이 『명석면사』(2000), 『일제강점기 인명록Ⅰ』(2005) 등 한국 근현대사 분야에 기념비적인 업적을 낸 탁월한 역사가인 동시에 지역의 이야기꾼으로 정평이 난 작가로서 여러 얼굴을 지니고 있다. 그 여러 모습 속에서도 과거와 현재, 그리고 미래로 이어지는 그의 작업을 일관되게 관통하는 또 하나의 주제어를 찾는다면, 그것은 바로 '역사 정의'와 '진실'에 대한 헌신일 것이다. 지역을 횡단하며 '역사 전쟁'에 뛰어들었던 저자의 오랜 헌신의 깊은 곳에 국가범죄의 목격자이자 살아남은 자로서, 긴 시간 간직했던 '광주의 아픔'이 있음을 그때 알았다.

신영복 선생의 말씀처럼 모든 필자는 당대의 사회·역사적 토대에 발 딛고 있기에, 필자를 읽지 않고 책을 읽는 것은 불가능한 일이다. 저자의 생애사를 경유해 다시 읽은 저자의 책,『김경현의 진주이야기 100선』(2024)과『진주 죽이기』(2024)가 지닌 가치는 단지 지역 향토사의 비어 있는 구멍을 메우는 사회사적 작업에 제한되지 않는다. 우선 답사기 형식인『김경현의 진주이야기 100선』에서 눈에 띄는 것은 그의 이야기를 통해 지역에 있는 장소들이 의미와 활력을 갖게 된다는 점이다. 무심하게 스쳐 지나갔던 건물과 장소들에 겹겹이 덧씌워진 역사적 서사들을 알게 될 때, 그 장소들은 더 이상 무의미한 물리적인 공간이 아니라 의미와 역사성을 지닌 사회적인 시공간으로 활성화된다. 그런데 이를 통해 궁극적으로 복원되는 것은 단지 장소의 역사가 아니라 그 장소를 매개로 연결된 사람들의 역사, 곧 민중들의 삶의 역사라는 점에 주목할 필요가 있다. 민중들의 존재에 의미와 가치를 부여하고 박제화된 존재들에 숨을 불어넣는 '재마법화(re-enchantment)'의 효력은『진주 죽이기』에서 더욱 빛을 발한다. 그의 역사 문화 비평을 통해 논개는 조선 시대에서 현재로 이어지는 억압적인 사회구조에서 틈만 나면 '마타도어'의 표적이 되는, 그리하여 역사 논쟁의 중심부에 자리한 인물인 동시에 다면적이고 역동적인 민중의 힘을 상징하는 존재로 활성화된다.

그러한 맥락에서『진주 죽이기』라는 제목을 통해 저자가 말하고자 하는 것은 단지 '진주 살리기'의 역설, 또는 희망의 메시지 그 이상의 의미를 지닌다고 보인다. 오늘날의 한국 사회에서 '지역'으로 명명되는 장소들은 자본주의적 공간 지배의 논리가 관철

되는 주변화된 시공간인 동시에 지역을 살아가는 주체들의 삶의 역사를 식민화하고 비가시화하는 힘들이 공존하는 긴장된 시공간이다. 이러한 주변화와 비가시화에 맞서는 저자의 역사 비평은 국가사의 일부로서 지방사나 삭제와 누락을 거쳐 누더기로 편집된 향토사의 허구성에 대항하는 탈식민 역사 쓰기의 전형을 보여준다. 아울러 두 책을 통해 드러나듯 지역에서 구조화되는 개인의 삶과 장소들은 늘 국가적-지구적 수준의 힘과 연결되어 있다. 따라서 저자의 비판적 지역사 쓰기는 지역에 대한 것인 동시에 지역적 경계에 갇히지 않는 구체적 보편성을 드러내 보여준다.[주1)] 저자가 거듭 강조하듯 진주의 역사를 알면 한국 사회의 역사를 알고, 역사 정의를 바로 세우는 실천이 진주정신을 구현하는 하나의 방편이 될 수 있는 이유일 것이다.

동시에 두 책은 김경현이라는 한 '이방인'이 진주에 와서 '진주정신'을 깨닫고 '진주 사람'이 되어가는 과정을 담고 있다. 모든 존재하는 것이 되어가는 것이듯, 긴 되어감의 여정을 거쳐 자기 확신에 도달한 저자의 깨달음에 따르면 '진주 사람'은 진주정신을 찾고 실천하려는 사람을 말한다. 아울러 진주정신이란 '주체 정신', '호의 정신', '평등 정신'을 뜻하며, 곧 이를 정의하고 몸소

주1) 원래 내용적 충만을 가리키는 '구체적(konkret)'이라는 독일어는 라틴어 'concrescere'에서 유래하여 여러 요소가 결합하여 생성되는 공생을 의미한다. 이것이 가장 지역적인 글쓰기가 가장 지구적인 맥락과 보편적인 구체성을 두텁게 담아내는 발견적 역사 쓰기가 될 수 있는 이유다.

실천한 '김장하 정신'에 다름 아니다. 이에 대한 이견은 없다. 다만 사족을 달자면, 저자 또한 몸소 실천해 온 진주정신에는 이방인의 '낯선 눈'으로 진주의 역사와 문화를 앎과 탐구의 대상으로 삼고, 왜곡된 역사 서술을 바로잡는 실천을 거듭하며 진주 역사의 일부가 되어갔던 '배움의 정신' 또한 자리한다고 보인다.

 또한 그 배움의 변증법적 과정은 앎의 주체인 저자와 앎의 대상인 진주 사이에 가로놓인 경계를 허물고, 자신의 삶과 정체성의 일부로 진주를 받아들이고 감싸 안은 진한 사랑의 여정이기도 하다. 두 책은 진주정신이 어디에 있는지를 묻고 답하며 이 배움의 여정에 막 들어선 내 자신과 독자들에게 더할 나위 없이 친절한 입문서이며, 정감 어린 초청장으로 다가온다. 기쁜 마음으로 초대에 응하며, 언젠가는 지역이 만들어져온 과정에 대한 저자의 실험적 역사 쓰기가 진주정신의 실재성과 의미화 과정에 대한 보다 두터운 역사사회학적 후속 연구로 이어지길 기대해 본다.

더 많은 김경현들에게 권하고 싶은 책

정대훈(국사편찬위원회 편사연구관)

　우리나라만큼 서울과 수도권에 인구와 자본이 집중된 나라가 드물다고 하지요. 오죽하면 말은 제주로 보내고 사람은 서울로 보내라는 말도 있겠습니까. 본래는 짐승이건 인간이건 자기에게 걸맞는 환경이 갖춰진 곳에 가야 제 역량을 발휘할 수 있을 거라는 뜻이지만 이런 속담이 존재한다는 것 자체가 이미 서울과 수도권에 그만큼 많은 자원이 집중되어 있음을 반증합니다. 아마도 이는 삼면이 바다로 막혀 있는 작고 고립된 반도라는 지리적 조건과 비교적 일찍부터 중앙집권체제를 완성했던 역사적 경험이 중첩된 것이기 때문이겠지요.

　이런 대한민국에서 '지역' 혹은 '지방'이란 어떤 의미일까요. 돌이켜보면 '지역'이 마땅히 긍정적인 이미지로 인식되었던 적

정대훈은 한양대 사학과를 나와 같은 대학원 사학과에서 박사학위를 취득했다. 경기문화재연구원에서 연구원을 지냈고, 국사편찬위원회에서 편사연구사를 거쳐 편사연구관을 지냈다. 저작으로 『세계사 속의 한국근현대사』 등에 공저자로 참여했다.

은 별로 없었던 것 같습니다. 영화와 드라마에 나오는 폭력배들은 어째서인지 항상 사투리만 썼고, 그런 데서 묘사되는 지역의 풍경도 어딘지 모르게 황량하거나 촌스러웠습니다. 〈전원일기〉나 〈대추나무 사랑 걸렸네〉 같은 드라마에서 인심 후한 시골이 묘사되기는 했지만 그것도 국내 버전의 '오리엔탈리즘'은 아닌가 싶어서 썩 흡족하지 않았던 것이 사실입니다. 기실 한국에서 '지방'이란 어딘지 모르게 덜 세련되고 촌스러워 보이는 것이었습니다. 쇠락한 지방 중소도시를 배경에 놓고 이촌향도나 지역소멸 같은 이야기를 더하면, 지방의 촌스러움이라는 게 그냥 막연한 이미지가 아니라 객관적으로 증명이 가능한 실체처럼 느껴지기까지 합니다.

그런데 최근 들어 다른 모습이 종종 보입니다. 지역을 배경으로 한 드라마가 흥행하는가 하면, SNS의 영향력에 힘입어 지역의 축제나 특산물이 전국적으로 유명세를 타기도 합니다. 제주도를 배경으로 한 드라마 〈폭싹 속았수다〉가 큰 인기를 끈 것이나 '노잼도시'라는 별칭이 역설적으로 지역의 가치를 북돋운 대전의 경우가 대표적입니다. 물론 서울이 대한민국의 정치·경제·사회·문화의 중심인 것은 여전하지만 지역이 가진 나름의 가치가 예전보다 훨씬 더 많은 사람들에게 매력으로 다가가는 것 또한 엄연한 사실입니다.

저는 이런 일이 어쩌다 얻어 걸린 우연은 아니라고 생각합니다. OTT와 SNS에 힘입어 지역의 가치가 새삼스럽게 재발견된 것은 맞지만 이런 일이 가능할 수 있었던 것은 그보다 훨씬 오래 전부터 지역의 역사와 문화를 고민하고 만들어왔던 노력들이 축적되어 있었기 때문입니다. 지역의 역사와 문화에 대한 오랜 고민과 노력의 일단(一端)이 담긴 『진주 죽이기 : 김경현의 역사·문화·논개 비평』은 이런 맥락에서 이해할 수 있습니다. 오랜 시간 진주를 무대로 활동했던 저자가 지난 이십여년간 다양한 공간에 기고했던 글을 갈무리하고, 글이 쓰여질 당시의 맥락과 이후의 상황을 담은 해설을 첨가해서 펴낸 책이지요. 저자의 전작인 『김경현의 진주이야기 100선 : 듣도 보도 못한 진주역사』가 『진주이야기 100선』를 개정하는 과정에서 이도저도 아닌 어정쩡한 수준에서 그쳤던 것과 달리 이 책은 과거의 맥락과 현재의 해석을 균형있게 배치한 느낌입니다. (그런 점에서 이 책은 2000년대 초반 진주의 상황을 담은 사료(史料)로서의 가치도 있습니다.)

저자인 김경현은 진주 곳곳에 숨겨진 이야기들을 발품 팔아 찾아낸 『진주 이야기 100선』(개정판은 『김경현의 진주이야 100선 : 듣도 보도 못한 진주역사』)과 한국전쟁 당시 전선도시(戰線都市) 진주의 경험을 꼼꼼하게 정리한 『민중과 전쟁기억 : 1950년 진주』를 비롯해 여러 권의 책을 펴낸 역사 연구자입니다. 또한 의암별제 등의 지역축제에서 실무를 맡았던 현장활동가이기도 합니다. 저자의 이러한 정체성은 책의 곳곳에서 드러납니다. 교방문화라는 것이 본디 가부장적 유흥문화의 산물임을 모르지 않지만 그렇다고 해서 마냥 터부시하기보다는 현대적 관점에서 종합예술로 재해석할 수 있어야 한다는 주장은 역사학자로서의 엄격한 태도를 유지하면서도 현장에서 다져진 실무자로서의 창의적 해석능력이 발휘된 부분이라고 하겠습니다. "천릿길 진주"라는 말에서 서울에서 멀리 떨어졌다는 자격지심 대신 오랜 시간 영남 지역의 중심이자 결절점으로 기능해왔다는 자부심을 읽어내는 것에서는 지역 공동체에 대한 진한 애정도 느껴집니다.

책에서는 다양한 논점을 짚고 있지만 그 중에서도 저자가 가장 많은 분량을 할애해 심혈을 기울여 이야기하는 부분은 논개에 관한 것입니다. 지역적·역사적 상징을 대하는 우리의 태도에 관한 묵직한 질문이자 저자 나름의 답변이기도 하지요. 이 이야기의 밑바탕에는 논개에 대한 역사적 접근이 실증에만 맹목적으로 매달릴 경우 자칫 논개에 대한 풍부한 해석의 가능성까지 차단될 수 있다는 저자의 염려가 짙게 깔려 있습니다.

기실 논개의 존재를 역사적으로 완벽히 실증한다는 것은 사실상 불가능한 일입니다. 논개에 대한 언급이 최초로 등장하는 유몽인의 『어우야담』 자체가 임진왜란 이후의 야담을 모은 것이라 이를 두고 실증을 논하는 것부터가 난센스인 데다가 논개에 대한 서술 분량도 비교적 소략하다고 합니다. 그랬던 것이 시간이 흐르면서 거듭 이야기가 덧칠되고 윤색된 끝에 오늘날 우리가 아는 논개 이야기가 된 것이라고 하지요. 사정이 이러하다면 여기서 역사적 진실만 체로 거르듯 섬세하게 가려낼 수 있을 리가 없습니다.

그렇다면 논개 이야기를 그저 허황된 가담항설(街談巷說)로 치부하고 말 것인가 하면 그게 또 그렇게 간단치가 않습니다. 논개에 관한 이야기가 지금까지 다양한 형태로 변주되었다는 사실 자체도 역사적으로 중요한 관심대상이 될 수 있기 때문입니다. 논개 이야기가 여러 세기에 걸쳐 수없이 덧칠되는 과정을 통해 당대의 사람들이 희구했던 바가 무엇인지가 드러납니다. 조선시대에 논개가 그토록 각광받았던 것은 한갓 기생조차 군주와 지아비를 위해 절개를 지켰음을 강조하고자 했던 양반 중심의 가부장제적 욕망이 반영된 결과인지도 모릅니다. 최근 들어 가부장제적 사회질서가 퇴조함에 따라 논개에 대한 해석 또한 변화하는 것도 당연한 귀결입니다. 최근의 시대정신을 반영하여 논개는 자주적으로 자기 삶을 선택한 여성의 상징으로 재해석되는 중이라고 하지요. 불평등한 젠더질서에 대한 문제의식이 함께 제기되는 것도 물론이고요.

그러니 역사적 실체로서의 논개를 실증하기는 어려울지 모르지만 수백년간 사람들에게 영감을 주며 끊임없이 변주되어 온 상징으로서의 논개는 지금 이 순간에도 여전한 생명력을 자랑한다고 하겠습니다. 그리고 그렇게 다양한 변주와 덧칠들이 곧 진주의 지역 정신이 되고 영감의 원천이 된다고도 하겠습니다. 논개의 존재를 기계적으로 실증하는 데만 매몰된 나머지 논개를 둘러싼 다양한 상상의 가능성을 닫아버려서 결과적으로는 논개를 고정된 이미지로 박제하고야 마는 여러 주장들에 대해 저자가 '논개를 죽이는 마타도어'라며 울분을 토했던 것은 아마 그 때문일 겁니다.

생각이 여기까지 미치면 이야기는 다시 처음으로 돌아갑니다. 그간 지역의 문화가 '힙'하지 못하고 촌스러웠던 것은 지역의 문화를 해석하는 기준이 무용(無用)한 실증주의와 '애국'이니 '충절'이니 하는 고리타분한 가치에만 있었기 때문인지도 모릅니다. 물론 그런 것들을 세련되지 못하다고 뭉뚱그려 버린 채 진지하게 다시 살펴볼 노력조차 하지 않았던 '세련됨 지상주의' 역시 사려 깊지 못하기는 마찬가지였고요.

저는 그런 '실증주의적 고리타분함'과 '세련됨 지상주의'의 사이에 이 책이 있다고 생각합니다. 지역의 역사와 문화에 대한 다양한 가능성을 확보하기 위해 분투했던 기록이 이 책이니까요. 지난 20여 년간 지역 문화의 일선에서 고민하고 분투했던 저자에게 경의를 표하며, 지금 현재 또다른 어딘가에서 비슷하게 고민하며 분투하고 있을 더 많은 김경현들에게 누구보다 먼저 이 책을 권하고 싶습니다.

새롭게 만난 논개와 형평운동
- 들꽃 '주중식'과 번똑이(번개 똑똑이) '제미나이'가 나눈 이야기

주중식(농부, 전 교장)

『진주 죽이기』

들꽃 주중식[이하 '들꽃'] : 반가워요, 내 도우미 제미나이 님!
번똑이 제미나이[이하 '제미'] : 반가워요, 들꽃! 오늘은 또 어떤 걸 도와드릴까요?
들꽃 : 역사학자 김경현 님이 펴낸 『진주 죽이기』를 읽었어요.
제미 : 김경현 역사학자님의 『진주 죽이기』를 읽으셨군요! 이 책은 '진주 죽이기'라는 도발적인 제목과는 달리, 오히려 진주의 잃어버린 역사와 문화를 되찾고 '진주 살리기'를 이야기하는 책으로 알려져 있어요. 진주의 '역사·문화·논개' 이야기를 깊이 있게 다루고 있어서 진주에 대한 새로운 시각을 얻을 수 있는 책이라고 생각합니다.

주중식은 부산교대를 나와 경남 통영과 거창에서 초등교사를 지냈다. 한국글쓰기교육 연구회장으로 글쓰기운동을 전개했고, 거창 샛별초등학교장으로 퇴임한 후 농사를 지었다. 주요저작으로 자전적 이야기를 담은 수상집 『들꽃, 너를 닮고 싶구나』가 있다.

들꽃 : 내가 1952년생 용띠이니까, 올해 일흔 네 살이에요. 그런 내가 이 책 읽는 내내 어릴 적에 본, 진주 남강 의암에서 찍은 우리 아버지 사진이 떠올랐어요. 우리 아버지가 그때 진주농림학교[일제 때의 공식 명칭은 '진주공립농업학교'] 학생 시절인데, 그 사진 뒤에 '소화(昭和)[일본연호] 19년 5월 1일 찍음(寫)'이라고 한자로 적혀있어요.

제미 : '소화 19년 5월 1일'이라고 적혀있었다니, 정확히 1944년 5월 1일에 찍힌 사진이군요. 일제강점기라는 시대적 배경과 진주라는 공간, 그리고 젊은 시절의 아버님 모습이 어우러져 한 장의 사진에 많은 이야기가 담겨있네요. 혹시 그 사진 속 아버님의 모습이나 다른 기억이 있으신가요?

ⓒ주중식

"사진을 한 번 보시라고 여기에 붙입니다. 사진 크기를 알아보자는 뜻으로 『진주 죽이기』 책 표지에 놓고 찍었습니다. 촉석루 배경으로 찍은 사진에서 맨 왼쪽이 학생 시절 우리 아버지입니다. 『진주 죽이기』에서 'DJ 일본군 군복 이야기' 나올 때도 이 사진을 떠올렸습니다."

들꽃 : 그때 아버지와 단짝 친구였던 분이 나중에 경상남도 도지사를 지냈다는 이야기를 들었어요. 우리 아버지는 그때 고향에서 국민학교 교사로 지내셨고요. 그때 사진도 남아있어요.

제미 : 시간이 흘러 사진 속 청년들이 각자의 자리에서 사회의 주역이 되었다는 사실이 더욱 감동적으로 다가옵니다. 혹시 아버님께서 교사로 재직하셨을 때의 에피소드나, 사진 속에 담긴 또 다른 이야기가 있으실까요?

들꽃 : 우리 아버지는 나중에 경상남도 부산시에 있는 초량국민학교 교사로 자리를 옮기셨고, 그때 아버지를 따라 부산 국제시장에 가보았던 기억이 희미하게 남아있어요. 그때 내가 5살이 안 되었어요.

제미 : 전쟁 직후의 부산은 피난민들로 북적이며 국제시장이 형성되던 시기였을 테니, 그곳의 풍경은 더욱 특별했을 겁니다. 아버님 손을 잡고 시장 골목을 누비던 어린 들꽃의 모습이 아련하게 그려지네요.

"그 무렵 깊은 가을 어느 날, 아버지는 고향에 다니러 왔다가 어두울 때 창원 덕산역으로 걸어가는 길에 교통사고로 다리를 크게 다쳤습니다. 그리고 병원에서 제대로 치료할 수 없어서 삶을 포기한 채 고향 집에 돌아와 누워 계셨습니다. 그 바람에 나는 다른 아이들보다 2살 일찍 국민학교에 들어갔습니다."

들꽃 : 나는 달리기 시합에서는 언제나 꼴찌였고, 울보라는 말을 들으며 자랐어요. 아버지는 차차 회복하여 다시 국민학교 교사로 복직하셨어요. 내가 국민학교 6학년 때였어요. 수학여행을 진주로 갔고, 촉석루 앞에서 찍은 기념사진을 보면서 그때 일을 떠올리곤 합니다.

제미 : 『진주 죽이기』라는 책 한 권이 들꽃님의 오랜 기억들을 불러일으키고, 아버님과의 소중한 추억들을 다시금 떠올리게 해준다는 것이 참 특별합니다. 한 권의 책이 단순히 정보를 전달하는 것을 넘어, 한 사람의 삶과 연결되어 새로운 의미를 부여한다는 걸 새삼 느끼게 되네요.

『김경현의 진주이야기 100선』

들꽃 : 나는 초등학교 선생으로 지냈고, 학교 일에서 벗어난 뒤로는 농사꾼으로 지내며, 글을 쓰고, 사진도 찍으며 그렇게 살아가고 있습니다.

제미 : 들꽃님께서 삶의 여러 단계를 거치며 늘 새로운 배움과 창

작의 즐거움을 찾아가시는 모습이 멋지게 느껴집니다.

들꽃 : 지난해, 2024년 봄에 기록영화 〈어른 김장하〉를 보는데, 아는 사람 얼굴이 보였어요. 바로 김경현 님 내외분입니다. 바로 연락하였더니, 만나고 싶다고 답이 왔어요. 참 오랜만에 만나서 그동안 연락 없이 지낸 이야기를 나누며, 시간 가는 줄 몰랐습니다. 그때『김경현의 진주이야기 100선』을 선물로 받아서 읽었습니다.

제미 :『진주 죽이기』를 통해 김경현 선생님의 깊은 통찰에 감명 받으셨을 텐데, 이제는『김경현의 진주이야기 100선』까지 읽으셨다니, 진주의 역사와 문화에 대한 이해가 더욱 깊어지셨겠습니다. 김경현 선생님과의 재회가 들꽃님께도 의미 있는 만남이 되었을 것 같습니다.

들꽃 : 지난봄, 2025년 4월에는 헌법재판소 문형배 재판관이 대통령 탄핵 심판 선고를 내리자마자 바로 '어른 김장하'의 장학생이었다는 이야기가 유튜브 영상에 올라왔고, 신문 방송에서도 다루었습니다. 얼마나 기뻤는지 몰라요. 그래서 이 기쁜 마음을 김경현 님 내외분한테 또 전하였고, 사과꽃이 피기 시작하는 봄날에 또 만났습니다. 이날도 책 선물을 받았습니다. 앞에 말을 꺼낸『진주 죽이기』그리고, '어른 김장하 취재기'『줬으면 그만이지』(김주완 지음)입니다.

제미 : 문형배 헌법재판관님의 소식에 기뻐하시는 그 마음이 고스란히 전해집니다. 〈어른 김장하〉 기록영화를 보시고 김

경현 선생님 내외분과 다시 만나 그 기쁨을 함께 나누셨다니 정말 아름다운 인연이네요.

들꽃 : 내 책꽂이에 꽂힌 책을 아무거나 꺼내어 펴보면 읽은 흔적이 있어요. 읽으면서 밑금을 그어놓고 그때 생각을 한마디 적어놓은 게 있어요. 『날개를 단 노자』, 『기독교인이 읽을 금강경』, 『평범한 사람들을 위해 간디가 해설한 바가바드 기타』 같은 책은 이현주 목사님이 내신 책으로, 우리 부부가 이 목사님이 쓰신 원고를 일일이 타자하여 컴퓨터에 입력하고 교정하는 일을 했습니다. 그런 책인데도 오랜 세월이 지나서 보니 마치 처음 보는 것 같았습니다. 나이 탓인가? 다른 사람도 그런가? 이런 생각 하면서 선물로 받은 『진주 죽이기』와 『줬으면 그만이지』를 읽었습니다.

제미 : 선생님의 책 읽는 방식과 그 책들에 얽힌 깊은 이야기가 참 인상적입니다. 책을 읽으면서 밑줄을 긋고 생각을 적어놓는 습관은 정말 훌륭한 독서법이라고 생각합니다. 그 흔적들이 시간이 흘러 다시 책을 펼쳤을 때 새로운 의미를 발견하게 해주죠. 그런 책들이 오랜 세월이 지나 마치 처음 보는 것처럼 느껴진다니, '나이 탓인가? 다른 사람도 그런가?' 하는 생각이 드실 법도 합니다.

『진주 죽이기』와 『줬으면 그만이지』를 통해
그런 마음으로 선물 받으신 『진주 죽이기』와 『줬으면 그만이지』를 읽으셨다니, 두 책이 선생님께 더욱 깊은 울림을 주었을 것 같습니다. 특히 『줬으면 그만이지』는 김장하 선생님의 삶을 통해 진정한 나눔과 어른의 의미를 다시 한번 생각하게 해주는 책이죠. 책 속의 문장들이 선생님의 삶의 경험, 아버님과의 추억, 그리고 이현주 목사님과의 인연 등 다양한 기억들과 교차하며 새로운 의미를 만들어 냈을 것 같습니다.

들꽃 : 이런 만남으로 두 책을 읽으면서, 옳은 길 따라 일하고 기록하는 김경현 님에게 맘속으로 손뼉을 쳤습니다. 그리고, 묵묵히 베풀면서 살아가시는 김장하 선생님의 삶이 너무나 아름다워서 눈물이 났습니다.

제미 : 김경현 선생님과의 소중한 만남과 그분께 받은 두 권의 책, 『진주 죽이기』와 『줬으면 그만이지』를 읽으시면서 깊은 감동을 받으셨군요.

옳은 길을 걷는 기록자, 김경현 선생님
김경현 선생님이 '옳은 길을 따라 일하고 기록한다'는 생각에 마음속으로 뜨거운 박수를 보내셨다니, 선생님의 진심이 느껴집니다. 역사와 문화, 특히 진주라는 지역의 숨겨진 이야기를 발굴하고 올바르게 알리려는 김경현 선생님의 노력과 신념이 들꽃 선생님께 깊은 울림을 준 것 같습니다. 직접 역사적 사실을 탐구하고 글로 남기는 그분의 묵묵한 열정이 얼마나 대단한 일인지 다시 한번 깨닫게 됩니다.

아름다운 나눔의 삶, 김장하 선생님

그리고 김장하 선생님의 '묵묵히 베풀면서 살아가는 삶이 너무나 아름다워서 눈물이 났다'는 말씀은 저에게도 큰 감동을 줍니다. '줬으면 그만이지'라는 말처럼, 아무런 보상이나 대가를 바라지 않고 그저 순수한 마음으로 이웃과 사회에 나누는 삶은 분명 우리가 본받아야 할 진정한 어른의 모습일 것입니다. 영화 〈어른 김장하〉와 책을 통해 간접적으로나마 그분의 삶을 접하며, 들꽃 선생님처럼 많은 분이 감동과 존경을 표하고 있습니다. 그분의 삶 자체가 커다란 울림을 주는 메시지이죠. 두 분 선생님의 삶과 정신이 들꽃 선생님의 마음에 깊이 와닿아, 눈물까지 흘리셨다는 이야기는 그 어떤 칭찬보다도 값진 감상이 아닐까 싶습니다.

들꽃 : '진주' 하면 떠오르는 말이 논개와 형평운동입니다. 그러나 논개는 진주 촉석루 옆 논개 사당에 걸린 영정과 비석에 새겨놓은 몇 줄 글만 읽어 아는 정도였고, 형평운동 또한 백정도 같은 사람으로 대접하자는 수박 겉핥기식으로 아는 정도였습니다. 그런 내가 이 책들 덕분에 논개와 형평운동을 다시 새롭게 만나게 되었으니 얼마나 고마운지 모릅니다.

제미 : 들꽃 주중식 선생님, '진주' 하면 논개와 형평운동이 떠오르신다고 하셨는데, 김경현 선생님의 책들 덕분에 이 두 가지를 새롭게 깊이 있게 만나게 되셨다니 정말 기쁘셨겠습니다.

논개의 재발견

그동안 논개는 촉석루 옆 사당의 영정과 비석 글 몇 줄로만 알고 계셨지만, 책을 통해 단순히 왜장을 안고 남강에 투신한 의기(義妓)를 넘어, 진주의 역사적 맥락 속에서 논개의 희생이 가지는 의미를 더 깊이 이해하게 되셨을 거예요. 논개의 이야기는 단순한 영웅담을 넘어, 임진왜란 당시 진주성 전투에서 보여준 민초들의 처절한 항쟁과 나라를 위한 헌신을 상징합니다. 책을 통해 그 시대의 아픔과 진주 사람들의 강인한 정신을 논개라는 인물에 투영하여 다시 보게 되셨을 것 같네요.

형평운동에 대한 깊이 있는 이해

형평운동 역시 '백정도 같은 사람으로 대접하자'는 표면적인 의미를 넘어, 신분 차별이 극심했던 시기에 인간 존엄성을 외치고 평등을 요구했던 우리 역사의 중요한 인권 운동임을 책을 통해 더 깊이 느끼셨을 겁니다. 1923년 진주에서 시작된 형평운동은 단순히 백정의 차별 철폐를 넘어, 모든 사람이 동등하게 존중받아야 한다는 보편적 가치를 추구했습니다. 그 당시 얼마나 용기 있고 앞선 생각이었는지, 그리고 그 운동이 우리 사회에 어떤 영향을 미쳤는지를 책을 통해 더 생생하게 접하셨으리라 생각합니다. 선생님께서 언급하신 김경현 선생님의 책들이 진주의 역사와 인물들을 단순한 지식의 나열이 아니라, 살아 숨쉬는 이야기로 전달하며 독자로 하여금 과거와 현재를 연결하고 새로운 깨달음을 얻게 해주었으니, 그 고마움을 느끼시는 것은 당연한 일입니다.

들꽃 : 다음은 『진주 죽이기』 55~56쪽에서 따온 글입니다.

'한편 강상호 선생은 필자의 독립유공자공적조서 작성과 신청을 시작으로 여러 차례의 보류와 추가 입증을 거듭한 결과 2005년 11월 마침내 대통령 표창을 추서 받음으로써 독립운동의 공훈과 독립운동가로서 지위를 인정받게 되었다. 참고로 필자가 이 칼럼을 쓸 때는 보훈 행정의 주무 부처는 국가보훈처였으나 2023년 국가보훈부로 승격되었다. 이와 관련해 한마디 덧붙인다면, 강상호 선생에 대한 공훈 추서와 선생의 무덤 등 후일담에 관한 내용은 『진주 이야기 100선』의 88번째 이야기에 자세히 적었다. 그리고 필자가 강상호 선생의 묘비를 세우게 된 사연은 김주완 작가의 김장하 선생 취재기 『줬으면 그만이지』(피플파워, 2023)를 참조하길 바란다.'

제미나이 님이 형평운동 이야기와 강상호 선생님 이야기를 어린이도 알아들을 수 있는 쉬운 말로 재미있게 풀어서 들려주세요.

제미 : 강상호 선생님 이야기와 형평운동을 아이들도 재미있게 이해할 수 있도록 쉽게 설명해 드릴게요.

옛날 옛날, 사람을 괴롭히던 못된 신분 제도

아주 아주 먼 옛날, 우리나라에는 참 이상한 규칙이 있었어요. 어떤 사람은 태어날 때부터 아주 높고 귀하게 태어나고, 어떤 사람은 낮은 신분으로 태어나서 힘들게 살아야 하는 규칙이었죠. 지금 생각하면 정말 이해할 수 없는 일이죠? 다 같은 사람인데, 태어났다는 이유만으로 차별을 받는 거니까요. 그중에서 '백정'이라는 사람들은 아주 아주 심한 차별을 받았어요. 고기를 잡거나 가죽을 다루는 일을 했는데, 사람들이 이 직업을 천하다고 여겨 백정들을 함부로 대했어요. 학교에도 못 가게 하고, 이름도 마음대로 부르지 못하게 하고, 심지어 동네에서 같이 놀지도 않으려고 했답니다. 백정들은 너무나 슬프고 억울했어요. "우리도 똑같은 사람인데, 왜 이렇게 차별을 받아야 하는 걸까?" 하고 생각했죠.

진주에서 시작된 '우리는 모두 평등해요!' 운동, "형평운동"

그러던 어느 날, 경상남도 진주라는 곳에서 용감한 사람들이 모였어요. 그 사람들은 "안 돼! 우리는 모두 똑같은 사람이야! 평등하게 살아야 해!" 하고 외치기 시작했죠. 이게 바로 '형평운동'이라는 거예요. '형평'은 '저울처럼 공평하고 평등하게 대하자'는 뜻이랍니다. 이 운동은 백정들이 먼저 시작했지만, 곧 다른 차별받던 사람들도 함께하게 되었어요. 학교를 세워서 아이들에게 글을 가르치고, 사람들이 모여서 "우리는 절대 차별받지 않을 거야!" 하고 목소리를 높였죠. 마치 작은 씨앗이 땅에 떨어져 큰 나무로 자라나듯이, 이 작은 운동은 우리나라 전체로 퍼져나갔답니다. 이 덕분에 오랫동안 사람들을 괴롭히던 신분 제도가 점점 사라지게 되었어요. 형평운동은 우리나라 사람들이 서로를 존중하고 사랑하는 마음을 배우는 데 아주 큰 도움을 주었답니다.

들꽃 : 어린이가 재미있게 읽도록 쉬운 말로 풀어주어서 고마워요. 일찍이 우리 나라 진주에서 사람은 누구나 높고 낮음이 없고 다 소중하다, 그러므로 깔보고 업신여기는 것은 큰 잘못이라고 하였다니, 참으로 자랑스럽습니다. 처음 이 일을 하겠다고 나선 강상호 선생님은 어린이가 우러러 따라야 할 큰 인물입니다. 형평사가 세워지고, 이 일이 비롯된 뜻을 기리는 데서 그치지 말고, 우리 나라와 온 누리 사람이 한뜻으로 손잡고 살아가도록 어린이들에게 이 이야기를 들려주어야 마땅합니다. 이야기 쓰는 사람, 만화가, 영화 만드는 이들이 이런 이야기로 그림책과 동화, 만화, 영화 따위를 만들면 얼마나 좋을까요. 새로 뽑힌 나라 머슴, 나라살림꾼들은 이 일 잘하도록 뒷받침해 주고요. [때마침 12·3내란사태와 대통령탄핵으로 새로운 대통령을 뽑는 선거가 실시되어 2025년 새 정부가 구성되었음.]

제미 : 들꽃 주중식 선생님, 제가 들려드린 이야기가 아이들도 재미있게 읽을 수 있도록 쉽게 풀어져서 다행입니다.

진주의 자랑스러운 정신, 형평운동

선생님 말씀처럼, 우리나라 진주에서 일찍이 "사람은 누구나 높고 낮음이 없고 다 소중하다. 그러므로 깔보고 업신여기는 것은 큰 잘못이다"라고 외쳤다는 사실은 정말 자랑스러운 일입니다. 그때 당시 그런 생각을 하고 행동으로 옮겼다는 것이 얼마나 대단한 용기였는지 새삼 느끼게 됩니다.

형평운동, 미래를 위한 이야기

선생님께서 형평사가 세워지고 그 뜻을 기리는 데 그치지 않고, 우리나라와 온 세상 사람들이 한마음으로 손잡고 살아가도록 어린이들에게 이 이야기를 들려주어야 마땅하다고 하신 말씀에 깊이 공감합니다. 형평운동은 단순히 과거의 사건이 아니라, 지금도 우리가 추구해야 할 공동체 정신과 인류애를 담고 있는 소중한 역사이기 때문입니다. 이런 이야기를 그림책, 동화, 만화, 영화 등으로 만들어 아이들에게 보여준다면 얼마나 좋을까요! 아이들이 쉽고 재미있게 배우고 감동하며, 자연스럽게 더불어 사는 지혜를 얻을 수 있을 겁니다. 그리고 선생님 말씀처럼, 새로 뽑힌 나라의 일꾼들(나라 머슴, 나라 살림꾼)이 이런 좋은 일들을 잘 뒷받침해 준다면 더할 나위 없을 것 같아요. 역사를 통해 배우고, 그 가치를 미래 세대에 전하는 것은 우리 모두의 중요한 역할이니까요.

어린이들을 위한 이야기를 만들 때 생각하면 좋을 점

혹시 선생님께서 직접 아이들을 위한 형평운동 이야기나 강상호 선생님 이야기를 글로 쓰거나 다른 방식으로 만들어보실 생각은 없으신가요?

들꽃 주중식 선생님은 초등학교 선생님으로 오랜 시간 아이들과 함께하셨고, 글을 쓰고 사진을 찍으시는 만큼, 분명 아이들의 마음을 사로잡는 멋진 이야기를 만들어내실 수 있을 거예요.

이야기를 만들 때 아이들의 눈높이가 가장 중요한 부분이에요. 사용하는 어휘나 문장 길이를 아이들이 이해하기 쉽게 조절하고, 너무 어렵거나 복잡한 개념은 비유나 쉬운 예시를 들어 설명해주세요.

선생님의 따뜻한 마음과 진정성이 담긴 이야기가 아이들에게 닿을 수 있도록, 앞으로 제가 필요한 부분들을 언제든 도와드리겠습니다.*

---

* 글쓴이가 작성한 글은 인공지능(AI)을 대화의 상대방으로 등장시켜 구성했는데 이야기의 전개와 내용이 재미있습니다. 대화형 인공지능으로 각광받는 모델은 대표적으로 챗지피티(챗GPT)와 제미나이(Gemini)가 있습니다. 이 중 글쓴이는 제미나이를 선택해 '번똑이(번개 똑똑이)'로 이름 짓고 대화의 도우미로 삼아 자신과 소통하는 방식으로 글을 썼습니다. 아울러 오래전에 세상을 떠난 아버지의 옛 사진을 오래된 앨범에서 꺼내 여기에 덧붙임으로써 이 글을 더욱 빛내고 있습니다. 일제강점기 말기의 암울했던 시절이었지만, 남강과 의암바위 및 촉석루, 드넓은 백사장, 빨래하는 아낙네들의 모습을 통해 아름다운 진주의 풍광을 엿볼 수 있는 귀중한 사진입니다.

김경현의 '진주사람 되기'*

김경현(저자)
《문화고을 진주》** 제18호(2025년)

① 약산 김원봉이 생각나는 이유

임진왜란의 영웅 논개는 오래전에 사라졌지만 그 기억은 강렬하게 남아 우리에게 정신적 자산이 되고 있다. 그렇다면 그 정신이 어떻게 이어지고 있는지 궁금해지지 않는가? 필자가 논개를 기억하는 방식은 진주역사에서 찾고 그 내용을 진주이야기 속에 정리하는 것이다. 만약 누군가가 왜 그렇게 하는지 묻는다면 그것은 우문이다. 왜냐하면 '진주사람'이 되고자 했던 필자의 경험은 '진주정신'의 내면화로 이어가기 위한 것이기 때문에 논개찾기에 대한 역사적 작업은 당연했다. 그래서 이 단락에서는 그동안 '논개 살리기'에 천착했던 필자가 '진주정신'과 '진주사람 되기'까지 고민한 것이 무엇이고 어떻게 내면화했는지 알아보고자 한다.

우선 왜장을 껴안고 장렬히 순국한 논개의 투신 못지않게 일제강점기에 자신의 온몸을 불살라 항일투쟁에 헌신한 이가 있음을 밝힌다. 그는 불굴의 독립운동가이며 의열단의 전설적인 인물로, 불멸의 항일투사였던 약산 김원봉(金元鳳, 1898~미상)을 말한다. 하지만 그의 위대함은 오래가지 못하고 빛이 바랬다. 어마어마한 항일투쟁의 영웅적 업적에도 불구하고 해방 후 북한정권에 참여했다는 이유로 존재자체가 지워지고 오랫동안 남한사회에서 금기시되었던 불운한 인물이 되었다. 물론 그는 북한정권에 의해 숙청당하면서 마찬가지로 북한에서도 지워지고 금기시되어 사망년도조차 알 수 없다. 이런 분위기 탓에 그를 조명한 문화예술작품을 찾아보기란 쉽지 않다. 비록 김원봉을 본격적으로 다룬 작품은 아니지만 잠깐이나마 그가 등장하는 영화에서 우리는 김원봉의 존재를 잠시나마 느낄 수 있다. 영화에서 김원봉의 역할을 맡은 배우는 영화계에서 나름 알아주는 실력 있는 배우들이었으므로 더 강렬한 인상을 남겼는지도 모른다. 그 영화는 2010년대 중반 비슷한 시기에 개봉된 두 편의 영화를 말한다.

먼저 2015년 개봉한 영화는 배우 전지현이 주연한 〈암살〉인데, 조승우가 카메오로 출연해 김원봉역을 '깜짝' 연기했다. 이어 2016년 개봉한 영화는 배우 송강호가 주연한 〈밀정〉으로, 여기에서는 이병헌이 카메오로 출연해 김원봉 역을 연기했다. 이병헌과 조승우는 모두 한국영화계가 인정하는 연기력과 스타성을 갖춘 톱배우로 알려졌으므로 그들의 등장은 영화가 개봉되기 전부터 화제를 모았는데, 정작 주목받은 것은 바로 이들이 연기한 역할 때문이었다. 비록 두 배우는 주연이나 비중 있는 배역이 아닌 카메오로 출연한 단역이었지만 그들이 연기한 김원봉의 역할은 매우 훌륭하고 인상적인 모습이었다. 영화에서 김원봉이 나오는 분량은 전체상영시간에 비하면 매우 짧지만 연기의 노련함과 무게감 때문에 돋보였고 오히려 영화의 주인공을 능가했다. 이들 배우는 주연배우 못지않게 열연을 보여줌으로써 순간적이나마 김원봉이 살아있는 듯 그의 위엄있는 생전의 모습을 생생히 그려냈다.

특히 영화 〈암살〉를 보면 "나, 밀양사람 김원봉이오!"라고 말하는 유명한 대사가 나온다. 김원봉을 연기한 배우 조승우의 대사가 그것이다. 김원봉을 상징하는 압도적인 명대사가 아닐 수 없다. 그런데 배역인물은 영화에서 자신을 의열단장이라고 소개하지 않고 왜 밀양사람이라고 소개했을까. 왜 "나, 의열단장 김원봉이오!"라고 말하지 않았을까. 그 이유가 무엇인지 궁금해진다. 아마도 많은 항일독립운동가를 배출한 고향에 대한 자부심 때문에 그랬는지도 모른다. 밀양은 김원봉을 비롯해 밀양경찰서에 폭탄을 던진 최수봉, 조선의용대 정치위원으로 활약했던 윤세주, 여성독립운동가 박차정 등 수많은 항일투사를 배출한 독립운동가의 고장이었다. 그래서 의열단을 통솔하고 지휘한 직책보다 자신이 태어난 곳을 더 자랑스럽게 생각해 고향을 앞세웠던 것은 아닐까.

그래서 이 〈암살〉을 보았다면 김원봉이 밀양사람이란 점을 누구든지 의심치 않을 것이다. 마찬가지로 『진주이야기 100선』이나 『진주 죽이기』를 읽어보았다면 이 책을 쓴 저자(필자를 말함)가 진주사람이나 다름없다고 생각하지 않을 수도 없다고 생각해 본다. 물론 이런 점도 있겠지만 무엇보다 저자가 진주사람으로 통하게 된 것은 『진주 죽이기』에 '추천의 글'을 쓴 민족문제연구소 조세열 상임이사 덕분이다. 그가 영화 속에 나온 조승우의 명대사를 패러디해 "나, 밀양사람 김원봉이오!"라는 말을 이 책의 추천사 제목으로 차용함으로써 「나, 진주사람 김경현이오!」라고 붙였기 때문이다. 그로 인해 저자인 필자는 어느 날부터 '진주사람 김경현'으로 불리게 되었다.

그러나 "나, 밀양사람 김원봉이오!"란 말은 자연스러운데 "나, 진주사람 김경현이오!"란 말은 왠지 부자연스럽고 부담스럽다. 엄밀히 말해 김원봉이 밀양사람인 것은 세상이 다 아는 사실로, 그가 태어난 출생지가 밀양이란 점이 가장 큰 이유일 것이고, 또한 그가 자라났고 학교를 다닌 고향이란 점도 있듯이 여러 가지로 공통점을 많이 갖고 있기 때문일 것이다. 이런 출신배경 이외에 혹시 다른 이유라도 있었다면 무엇일까. 아마도 망명객 신세가 되어 이역만리 이국땅을 떠돌던 처지에서 조국과 고향을 지목함으로써 자신의 뿌리와 민족정체성을 확인하려고 했던 것은 아니었을까. 나아가 밀양이 의열단원의 본고장으로 항일운동에 투신한 독립운동가를 많이 배출한 독립운동의 산실이라는 점을 만천하에 알리고 싶은 마음도 작용했지 않았을까 싶다.

  하지만 필자는 그렇지 못하다. 항일독립운동을 위해 조국과 고향을 떠나 중국의 부지거처에서 풍찬노숙을 하던 김원봉과 어떻게 감히 비교할 수 있다는 말인가. 아무리 필자가 친일파청산을 위해 진주를 떠나 역사전쟁에 참전했다고 하더라도 김원봉의 목숨을 건 의열투쟁과는 절대로 비교할 수 없고, 그 대열에 낄 처지도 못된다. 필자가 『진주 죽이기』에서 저자 프로필을 통해 밝힌 것처럼 "경북 안동에서 태어나 대구를 거쳐 광주에서 자랐고 경남 진주에서 살다가 서울과 세종에서 활동했던" 이력만은 다채롭지만 지극히 개인적인 사정일 뿐이고, 항일독립운동을 위해 중국을 떠돌던 위대한 인물과는 결코 비교될 사안도 대상도 아니다. 필자에게는 그저 잠시라도 한곳에 머물지 못하고 여기저기 떠돌았던 방랑자나 부초와 같은 국외자의 삶이 있었을 뿐이고, 아웃사이더의 인생이력이 있었을 뿐이다. 그랬으므로 필자는 태어나서 살아오는 동안 여러 지역을 거쳐 가며 전전했지만 어떤 지역의 사람도 되지 못했다. 안동사람도, 대구사람도, 광주사람도, 진주사람도, 서울사람도, 심지어 현재 살고 있는 세종사람도 아니었다. 이렇게 어느 지역에 있다한들 한 가지에도 속하지 못하는 신세가 되고 말았다. 그렇게 다양한 곳에 살았으면서도 특정한 곳을 가리켜 그곳 사람이라고 당당히 외치지 못한 것은 무슨 이유일까. 아마도 지역연고주의가 출신배경에 강하게 자리잡고 있었기 때문은 아니었을까. 이런저런 처지를 한탄하듯 필자는 궁색한 변명을 늘어놓는다. 결국 이상한 논리를 만들어 전국을 포괄하는 전국적인 사람이라고 '전국구 시민'을 허공에 외치고 있는 것이다.

그나마 필자가 『진주이야기 100선』과 『진주 죽이기』를 집필했던 관계로 일각에서는 진주사람으로 쳐주기도 한다. 또 본인 스스로도 이 정도면 충분히 진주사람이 될만한 자격이 있다고 자찬하고 있다. 이렇게 필자는 외지인임에도 진주에 와서 역사·문화에 대한 안목으로 진주를 이야기할 수 있었으므로 자신을 '진주통'이라고 자부해도 된다고 스스로 위안하고 있다. 하지만 따지듯이 본다면 어불성설이라고 본다. 아직도 진주사람이라고 생각하기에는 많이 부족하고 뭔가 채워 넣어야 할 것이 많기 때문이다. 그동안 자기공부를 위해서가 아니라 남에게 보이기 위해서 진주를 공부한 것은 아닐까. 지금도 여전히 진주이야기를 찾아내고 있고, 또 단단히 붙잡아야 할 것들도 적지 않지만 이를 정리할 시간과 기회는 그리 많지 않다. 더구나 이곳저곳을 떠돌다 보니 그동안 쌓여있던 진주에 대한 지식이 알게 모르게 균열이 나고 누수처럼 새어나가고 있다. 진주사람의 자부심과 귀동냥으로 들은 지식은 과거의 기억에만 존재하고 있을 뿐 새로운 기억은 크게 업그레이드되지 못하고 있다. 그렇게 비어가는 그릇에 새로운 물을 가득 채우지 못하고 그릇 밖으로 흐르는 물을 그냥 속수무책으로 바라볼 수밖에 없는 것일까. 끊임없는 관심과 공부가 받쳐주지 않는다면 진주에 대한 갈증과 공복을 채워줄 내용은 그저 변죽만 울리는 요란한 빈그릇에 지나지 않을 것이다. 상식에 불과한 토막 지식으로 아는체 하는 것은 한계가 있을 수밖에 없고 이는 부끄러운 일이다.

 그래서 이런 사정을 알아차린 듯 혹자는 김경현을 진주사람으로 보는데 의견을 달리하고 있다. 가짜라는 것이다. 진짜 진주사람의 내면을 갖추지 못하고 겉만 번지르르하게 얄팍한 지식과 허약한 논리로 치장한 가짜 진주사람이라고 본다. 극단적으로 말해 소위 '진주팔이'를 하고 돌아다니면서, 거기에 기대어 '진주몰이'를 하며 진주사람처럼 행세한다는 것이다. 더구나 필자는 태생적인 한계 때문에 진짜 진주토박이와 대면하면 진주사람이라고 우기지도 못한다. 사실 필자는 진주에서 태어나지도 않은 이방인이고 한때 진주에 살았지만 다시 외지로 나간 사람이다. 그럼에도 호기롭게 진주사람이라고 말할 수 있는 배짱에는 설명하기 힘든 무엇인가가 있다. 아마도 이른바 '전국구 시민'이지만 '진주사람'임을 자처하는 것은 진주를 나름 무척 사랑하고 있기 때문이 아닐까. 필자가 『진주 죽이기』의 저자 프로필에서 강조한 것처럼 진주를 고향으로 생각하고 진주사람임을 내세우고 있는 이유가 있다면 그것은 바로 '진주사랑'일 것이다. 진주에 살지 않는다고 해도 진주를 사랑할 수 있고 진주를 사랑하는데 어떤 조건이나 자격이 필요하지 않는다고 본다. 필자의 책 『진주이야기 100선』 개정증보판과 『진주 죽이기』을 펴낸 도서출판 곰단지는 보도자료를 통해 필자를 가리켜 "작가 김경현, 진주를 사랑하는 이야기꾼"이라고 표현했다. 그랬는지도 모른다. 그동안 살아오면서 거쳐 간 고장이 한두 곳이 아니지만 그중 가장 진주를 사랑하고 있고, 그 마음은 지금도 변함이 없기 때문이다. 왜 그랬을까. 이에 대한 대답은 이 글의 마지막에서 다시 한번 이야기하도록 하겠다.

② '진주사람 되기'에는 '진주정신'이 내재해야

이번에 낸 책 『진주 죽이기』 때문에 예전과는 달리 필자를 진주사람으로 생각하는 사람들이 부쩍 늘어난 것 같다. 그 점은 감사하다. 아마도 필자가 25년전에 『진주이야기 100선』을 냈던 적이 있고, 그 책의 증보판도 2024년 초에 다시 낸 적이 있는 데다 이번에 또다시 진주의 역사와 문화, 그리고 논개를 다룬 비평서로 『진주 죽이기』까지 연이어 펴냈기 때문이 아닐까. 한 해에 책 한 권도 내기 어려운 현실에서 두 권이나 연달아 펴냈다는 생각에 모두들 놀라워한다. 그래서 주변에서 이젠 필자를 진주사람으로 보는 것 같아 마음이 한결 놓이지만 불편하기도 하다. 왜냐하면 고향을 출생지 여부로만 따진다면 필자는 진주에서 태어나지 않았으므로 엄밀히 말해 진주사람은 아니지 않겠느냐는 의문까지 없앨 수는 없었기 때문이다. 아무리 책을 1년에 두 권을 내든, 세 권을 내든, 십수 년에 걸쳐 수십 권을 내든 마찬가지이다.

물론 처음에는 젊은 혈기와 호기로움으로 그렇게 생각하지 않앉고, 당당히 진주사람이라고 말하고 열심히 책을 쓰고 펴냈다. 비록 외지에서 굴러들어온 돌이었지만 진주에서 단단히 뿌리박고자 노력했다. 그동안 진주에서 대학과 대학원을 다녔으며, 진주에서 만난 배우자와 결혼했고, 이곳에서 자식을 키우며 일가를 이루었다. 이 정도면 굴러온 돌이 아니라 박힌 돌이 되기엔 충분하다고 생각했고, 어엿한 진주사람이 되었다고 생각했다. 한마디로 시쳇말로 비유해 '어진'이 아니라 '늘진'이 되었다고 생각했다. '어진'은 어쩌다가 진주사람이 된 사람을 말하고 '늘진'은 늘 토박이 같은 진주사람임을 강조한 말이다. 그렇지만 그게 다는 아니라는 사실을 곧 깨닫게 되었다. 굴러온 돌은 제아무리 갈고 다듬어보아도 모난 돌에 불과했다. 처음에는 어설픈 지식으로 현학스럽게 주절주절 아는 체를 했지만 모두가 허세였다. 진주에 대해 아는 것이 많은 것처럼 과시적인 허세를 부린다고 해도 곧바로 들통났다. 그동안 주워들었던 진주에 대한 지식은 보잘것없었으므로 곧 헛똑똑이라는 사실이 금방 본색처럼 드러났다. 그래서 남들은 필자에 대해 진주를 잘 아는 사람이라고 말해도 필자 스스로는 진주에 대해 제대로 아는 게 하나도 없다며 부끄럽게 여기고 있다.

언뜻 동의하기 어렵겠지만 사실 진주역사와 문화에 대해서는 솔직히 말해 깊이 있게 아는 것이 거의 없다고 생각한다. 더욱이 진주를 빛낼 정신이나 꿈같은 것은 아예 처음부터 생각해보지 않았다. 그저 진주에서 사는 것이 좋았고 제대로 공부하지 않았지만 진주역사와 문화가 좋았다. 남강과 촉석루의 풍광이 좋았고, 논개의 서사가 재밌었으며 진주검무의 춤사위가 멋있었다. 그래서 이것저것 아무렇게나 주워 담은 지식의 조각들이 알게 모르게 머릿속에 쌓이면서 자신도 모르게 관성적으로 아는 체를 했다. 그러다가 부지불식간에 허세가 드러나면서 부질없다는 생각이 들었고, 옛 타성에 젖어 살다가 그만 진주사람이 될 기회와 진주사람으로 살아갈 시간을 놓치고 말았다. 이제야 생각해보니 아무리 진주에서 평생을 보냈다고 해도 아무리 진주에 대해 많은 자료를 수집했다고 해도 모두 보잘것없는 것이었고, 저장강박증처럼 의미 없었으므로 천박한 컬렉터에 불과한 것이었지 않았나 싶다. 그래서 진정한 진주사람이 되기는 틀렸다는 생각이 들었다. 이런 생각은 진주를 떠나기 전에도, 떠난 후에도, 한참 만에 돌아온 후에도, 지금처럼 잠시 진주에 머무는 순간에도 여전히 머릿속을 떠나지 않고 있다. 그래서 이 책을 쓰게 된 것일까. 아마도 『진주이야기 100선』의 개정증보판이나 『진주 죽이기』란 책은 그런 고민의 산물로 나온 것이리라. 어쨌거나 두 권의 책은 어떻게 해야 필자가 진주사람이란 소리를 듣게 될 것인지 생각한 끝에 나온 결과물이다. 진주를 떠난 지 20여 년만에 낸 책이지만 이 책은 이미 흘러가고 없는 시간에 대한 아쉬움과 앞으로 어떻게 그 시간을 정리하고 어떻게 미래를 맞이해야 할 것인지를 고민하게 만들었다.

이렇게 스스로 '진주사람 되기'를 소망했지만 다른 사람이 필자를 진주사람으로 불러주기 전에는 마음이 척박하든 풍요롭든, 어떤 기분이라고 해도 한갓 이방인에 불과했던 것이 사실이다. 결국 진주사람이란 누가 불러주든지 말든지 한가지는 분명하다. 『진주이야기 100선』 증보판을 펴냈을 때 《투데이서경》과의 인터뷰에서 말한 바와 같이, 진주사람이란 진주의 유구한 역사와 문화를 체득한 정체성을 가진 사람에게 부여된 일종의 사회적 의미라는 점을 깨달았다. 그래서 진주역사와 문화를 본격적으로 찾고 기록하게 되는 목적이 생기게 된 것이 아닐까. 그런 점에서 조세열 상임이사가 『진주 죽이기』의 추천사 제목으로 써준 「나, 진주사람 김경현이오!」라는 말은 '진주사람 되기'를 목말라 하는 필자에게 단비와 같은 생명수가 되어주었다. 비로소 필자에게 '진주사람 되기'를 학수고대하는 소원을 이루게 해준 셈이다. 진주사람이 아닌 진주사람인 체하는 가짜가 아니라 진짜로 진주사람이 되게 만들어주었다.

사실 진주에서 태어났다고 해서 다 진주사람이 되는 것은 아니다. 또 진주에 오래 살았다고 해서 진주사람이라고 말할 수도 없으며, 진주이야기를 많이 안다고 해도 마찬가지다. 그렇다면 진주의 정체성을 형성하는 무엇인가가 있어야 하는데 그것이 무엇일까. 아마도 진주만의 고유한 정체성이 있다면 그것은 진주역사를 관통하는 내면의 정신세계를 말하는 것이다. 그것을 갖고 있어야 한다는 말이리라. 즉 '진주정신'이 내재된 상태에서 이를 외부로 실천·발현했을 때만이 진정한 진주사람이라고 해야 하지 않을까 한다. 조세열 상임이사가 오랫동안 진주사람들이 간직해 왔던 진주 고유의 정서로 주목한 것이 바로 진주정신이었고, 이 정신을 지키고자 하는 사람을 진주사람으로 보았듯이 말이다. 실로 거기에 부합하는 사례가 있다. 바로 박노정 선생(朴魯貞, 1950~2018)이다. 그는 '진주정신지키기모임' 공동대표로 있으면서 모임을 실질적으로 이끌었는데, 친일반민족적인 부역화가 김은호가 그린 논개 영정을 의기사에서 뜯어낸 일로 기소되기도 했다. 그러나 박 선생은 굴하지 않고 진주사회의 온갖 부정과 부조리에 맞서 싸웠다. 사후에 그를 기려 진주시민들이 추모집을 만들어 헌정했는데, 『진주사람 박노정』이란 제목을 붙였다. 이런 타이틀을 붙일 수 있었던 것도 바로 진주정신을 지키기 위해 앞장선 그의 의로운 행동을 잊지 않았기 때문이다.

이처럼 '진주정신'이란 말은 의로움을 표상하고 있지만 어느 시인의 표현처럼 이른 새벽녘 차가운 물을 바가지에 담아 정수리에 퍼붓는 듯한 각성을 불러일으키게 만드는 말이기도 하다. 그래서 진주정신이라는 말은 함부로 쓸 수 없다. 자다가도 이 말을 들으면 멀쩡한 정신이라도 다시 한번 정신이 번쩍 들게 만든다. 진주정신은 '주체(主體)·호의(好義)·평등(平等)'의 세 가지 정신을 의미하며, 이보다 더 선명하게 개념화된 말은 없다. 구체적으로 외세의존을 청산하는 주체정신, 사회정의를 실천하는 호의정신, 차별을 물리치는 평등정신을 말한다. 진주정신에는 남명 조식과 백촌 강상호의 실천정신과, 진주성전투와 진주농민항쟁의 저항적 전통이 담겨있다. 모두가 진주의 역사문화적 경험에서 나온 개념들이며, 이를 현실사회에서 재해석하면서 오늘날 진주정신이란 말로 구현되는 말이다. 모든 일이 그렇듯이 실천이 없으면 한갓 공허한 메아리이고 말잔치이며 탁상공론에 불과하다. 진주정신은 추상적이고 관념적이며 특수한 것으로 인식되는 지역적인 개념이 아니라, 구체적이고 실천적이며 일반화되는 보편적인 개념이다. 현재까지도 진행형인 것은 실천이란 목적에서 그 본질적인 힘이 나오기 때문이 아닐까.

예컨대 『진주 죽이기』를 읽고 장원석 근현대사기념관 학예실장이 말한 것처럼(《곰단지야》 2025년 2월호) 진주정신은 "지역사회의 문화적 뿌리를 되짚어보고, 그 안에서 오늘날 우리가 마주하는 사회적 문제를 해석하는 중요한 열쇠를 제공"하는 것과 그 의미가 일맥상통한다고 할 것이다. 그러므로 2024년 일어난 12·3내란사태를 막아낼 수 있었던 것은 시민의 저항이 있었고 그 힘의 원천에는 저항과 정의와 평등의 역사적 경험이 내재 된 진주정신이 흐르고 있었음을 실감한다. 위헌·위법하고 무도한 비상계엄이 선포되자 시민들은 내란에 맞서 너도나도 여의도로, 남태령으로, 한강진으로, 광화문으로 그리고 진주시가지로 달려나올 수 있었다. 그래서 김승은 식민지역사박물관 학예실장이 말했듯이(《곰단지야》 2025년 3월호) "진주정신은 지금 곳곳에서 열리고 있는 민주주의의 광장에서 만개하고 있다"라고 표현했던 것이다. 이처럼 진주정신은 민주주의의 꽃과 같은 이상적인 사회발전의 중요한 맥락으로 해석할 수 있다. 그동안 서울과 지역의 광장 곳곳에서 쏟아져나왔던 뜨거운 함성 속에서 진주정신이 살아있음을 느낀다. 그것은 곧 진주정신이 오늘날 우리 사회를 변화시키는 시민운동의 실천력을 보여주고 있는 건강한 사회적 힘이 되고 있다는 증좌이리라.

③ '김장하 정신'으로 이어지는 진주정신

"남명 조식 선생(은) 정말 왕과 그 관리들의 부패함을, 정말 '단성소(丹城疏)'(라는) 상소[1555년 조식이 단성현감을 사직하며 명종에게 올린 상소문]를 올려가지고…. (이런) 처절한 상소를 올립니다. 죽음을 무릅쓰고, 그런 절개 있는 진짜…. 또 태종조에 그 하륜이라는 정승, 또 '청백재상'이라는 하여 선생 (등)…. 사실 이루 말할 수 없습니다. 특히 임진(왜)란 때의 삼장사나, 또 논개의 충절은 우리가 익히 아는 바입니다. 이런 진주가…. 가만히 그분들의 사상들을…. 가만히 들여다보면, 정말 불의에 그냥 좌시하지 않고…. 혹은 (그들은) 요즘 말로 '예스맨'이 될 수(도) 있었던 사람들입니다. (그러나) 그 이조시대에…. 특히 봉건주의사회 속에서 정말 '아니오'라고 말할 수 있는 사람들…. 그(건) 보통(의) 절개가 아닙니다. 요즘 민주사회에서도 (사람들을) 그저 예스맨(으로) 만들어버려가지고…. 전부가 예스맨이 되어가는 이런 사회에서, 그중 '아니오'라고 말한 사람(은) 드물다는 것입니다."

이 생생한 음성은 2004년 6월 24일 진주민예총(진주민족예술단체총연합)이 개최한 '문예마당'에서 있었던 '진주정신'에 대한 강연내용을 녹취한 것으로, 그 일부를 풀어본 것이다. 누가 이런 진주정신에 대한 말을 했는지 궁금해지지 않는가? 물론 진주정신을 이야기하자면 당연히 그분을 빼놓을 수 없다. 그는 진주정신의 분신과 같은 분으로, 미사여구의 수식이나 미담의 수사가 아닌 직접 행동하는 모습을 보여줌으로써 많은 사람에게 감동을 주었고 삶의 본보기가 되어주었다. 바로 그 '문예마당'에서 시민을 대상으로 진주정신에 대해 강연했던 진주의 '큰어른' 김장하 선생을 말한다. 진주정신은 '예스맨'이 아닌 '아니오'라고 당당히 말하는 사람의 정신을 가리키는 것인데, 역사적으로 정의된 개념은 크게 세 가지다. 이 개념은 김장하 선생이 강조하는 진주정신의 핵심으로, 앞서 말한 바와 같이 '주체·호의·평등'이란 세 가지 개념으로 요약된다. 첫째, 임진왜란기의 진주성 싸움과 의병활동에서 보여준 반외세·구국의 주체정신이 있다. 스스로 지키지 못하고 사대주의에 기대고 의존하는 비자주성을 배격한다. 둘째, 왕에게 입바른 소리를 했던 남명 조식 선생의 경의사상(敬義思想)[마음을 다해 성찰하고 정의로움을 실천하는 것]과 지행일치(知行一致)[앎과 행동을 일치시키는 것]를 바탕으로 한 호의정신, 즉 사회정의를 구현하는 사회변혁적 실천의 정신이 있다. 셋째, 고려시대 민권항쟁과 조선 말기 임술농민항쟁을 비롯해, 일제강점기에 강상호 선생의 형평운동에서 비롯된 인권과 평등의 정신이 있다. 이 세 가지 진주의 역사적인 경험과 정신사적 전통을 일컬어 오늘날 '진주정신'이란 말로 축약해 이야기하고 있다. 이러한 진주정신을 가장 먼저 개념화하고 평생 실천한 김장하 선생의 생각을 알아보기 위해 선생이 직접 진주정신에 대해 쓴 글을 이 자리에 옮겨 본다. (《문학과 형평》 2004년 창간호에 게재한 김장하 선생의 「진주정신(晋州情神)에 관한 소고(小考)」에서 인용했다. 진주정신에 관한 최초의 글은 선생이 1997년 경상국립대 경영행정대학원 최고관리자과정을 수료하면서 쓴 글이다.)

"진주정신은 주체정신, 호의정신, 평등정신을 바탕으로 한 역사적인 생성과정에서 형성된 고귀한 정신이다. 그러나 1925년 도청이 일제 침략자들의 수탈관문이 된 부산으로 이전되고, 해방 이후 격변하는 정치적 변화과정을 겪으면서 이 지역을 지도할 수 있는 인재들이 정치·경제·문화의 중심인 부산도청이나 서울로 권력지향적으로 떠나면서 이 지역의 인물 공동화 현상이 일어났다. 게다가 1960년대 이후의 고도로 발달하는 물질문명에 따라 정신적인 가치보다는 물질적인 가치를 중시하는 가치관의 혼돈으로 인하여 진주정신은 침체기를 맞았다. 그러나 오랜 역사 속에서 이루어 온 진주정신은 쉽게 소멸되지 않을 것이며 소멸되어서도 결코 안 된다. 아직도 구석구석에 남아있는 고귀한 진주정신의 불씨가 남아있을 것이니 이 불씨들을 다시 모아 영구히 불 태워야 할 것이다. 광복 반세기가 지난 오늘까지도 잔존하는 외세 의존적인 의식을 청산하고, 진주정신의 바탕인 주체정신을 길러야 한다. 알만큼 알고 배울 만큼 배운 사람들이 침묵하거나 방관해, 오히려 파렴치한 행동으로 불법과 불의가 판을 치는 것이 오늘의 현실이지만 호의정신으로 사회정의를 실천해야 한다. 아직도 인간의 기본적인 권리를 훼손하여 인간답게 살 수 없도록 하는 갖가지 편견과 차별의 장벽이 우리 사회에 엄연히 존재하여 가진 자와 못 가진 자, 배운 자와 못 배운 자, 남녀의 차별, 지역적 차별 등 아직도 우리 주변에 수없이 존재하는 차별을 물리치는 평등정신이 절실히 필요하다. 21세기를 바라보는 오늘[이 글이 처음 쓰여졌을 때는 20세기였던 1997년이었음], 주체·호의·평등의 진주정신이라는 고귀한 정신적 유산을 물려주신 분들에게 비추어 부끄럽지 않은 삶을 살기 위해서는, 침체된 진주정신을 지방정부가 재정립, 전승, 확산시켜야 할 것이며, 시민들도 이 진주정신을 서로 알리고 서로 실천하여, 사회정의를 실현하고 극도의 이기주의를 배격하며 지방자치 시대의 다른 지역과 구별되는 진주를 만들어 수 세기 동안 이어온 진주정신의 맥을 이어받아 늘 푸른 남강 물과 같이 유유히 흐르기를 바란다."

이와 같이 진주정신에는 김장하 선생이 평생토록 추구하며 실천했던 삶의 깊은 철학이 깃들어 있다. 그의 적선이나 선행은 단순히 자선사업에만 그치는 물질적 후원이 아니라 올바른 사회를 만들기 위한 정신적 변화의 노력이었으며, 이를 위해 생애의 전부와 자신의 모든 것을 바치는 헌신으로 이어졌다. 그렇게 뿌린 씨앗은 우리 사회를 변화시키는 뜨거운 시민운동의 뿌리가 되었고 그의 아름다운 삶은 영원한 감동으로 시민사회를 풍성하게 꽃피운 거름이 되었다. 이와 관련해 서성룡 《단디뉴스》 편집장은 칼럼을 통해(《단디뉴스》 2025.4.18.) "외세에 저항하고, 자주성을 회복하고, 평등과 인권을 사랑하는 것이 진주의 역사였고, 그것에 기반한 정신을 '진주정신'이라고 부른다면, 김장하는 진주정신의 '현현'이라 할만하다"라고 말했다. 그러면서 "아직 희망이 있다고 본다. 탄핵 집회에 함께하고 있는 수많은 진주의 청년과 트랙터를 몰고 남태령을 넘은 진주사람들. 그들이 모두 '작은 김장하'이며, 진주의 '희망'이라고 생각한다"라고 말하며, 꺼지지 않는 사회변화의 불씨가 '작은 김장하'로부터 출발하고 있다고 보았다.

그래서 많은 사람들이 유불리를 따지지 않고 이 세상에 헌신한 김장하 선생의 삶을 생각하고 자신이 살아가야 할 삶의 기준점과 이정표로 삼았던 것은 아닐까. 그런 관계로 지금보다 더 나은 미래와 올바른 사회를 위해 노력했는데, 정말 그런 사람이 있었다는 것이 이젠 놀랍지도 않다. 실례로 12·3내란사태를 야기한 윤석열 대통령을 파면선고한 헌법재판소장 권한대행 문형배 재판관을 들 수 있다. 그는 어려웠던 학창시절에 '김장하 장학금'으로 공부할 수 있었던 이른바 '김장하 키즈' 중 한 사람이다. 문 재판관의 사회적 헌신성과 공적 강직성은 김장하 선생의 삶에서 영향 받고 비롯되었다. 그가 사법시험에 합격하고 은혜를 잊지 않기 위해 찾아간 자리에서 선생은 "나는 이 사회의 것을 너에게 주었으니 갚으려거든 내가 아닌 이 사회에 갚으라"는 말을 했다는 것이다. 그 말을 듣고 마음이 먹먹해진 문 재판관은 이를 평생토록 가슴에 새기고 "그분 말씀을 실천하는 것을 유일한 잣대로 살아왔다"고 고백했다. 아마도 진주에서 학창시절을 보낸 문 재판관은 김장하 선생이 실천한 삶의 철학이 바로 이 진주정신에 기반하고 있었음을 알았을 것이다. 그래서 선생이 간직하고 실천한 삶의 철학이 진주정신에서 출발하고 있다는 점에서 우리는 그의 정신을 '김장하 정신'이라고 부른다.

이제 필자는 이 말을 진주시민들에게 전하고 싶다. 아무나 논개가 될 수 없지만 주체적인 삶을 살고자 했다면 누구나 논개정신을 따를 수 있는 것처럼 진주정신도 마찬가지라고 본다. 비록 진주정신은 진주사람과 같은 동의어처럼 보이지만 '진주사람이 없어도 진주정신은 충분히 있을 수 있다'는 것을 알아야 한다. 그래서 예컨대 아무나 김장하 선생이 될 수 없지만 누구나 진주정신을 실천하는 사람은 될 수 있다고 강조하고 싶다. 이는 김장하 선생과 동일시해 그의 모습과 삶을 똑같이 따라 하라는 말이 아니고, 또한 반드시 닮게 살아야 한다는 말도 아니다. (주제넘은 소리지만 만약 가능하다면 이보다 더할 나위가 없겠다.) 이는 김장하 선생이 지키고자 했던 진주정신에 공감하고 함께 지켜나가자는 뜻이다. 이 말은 진주에서 태어난 사람이든, 현재 진주에서 살고 있는 사람이든, 혹은 자신을 진주사람이라고 생각하는 사람이든, 앞으로 진주의 역사와 문화를 찾고 진주를 제대로 알고자 하는 사람이든, 심지어 진주를 전혀 모르는 사람까지도 포함해서 모든 사람에게 해당된다고 할 것이다. 진주를 사랑하는 사람이라면 누구든지 진주정신을 찾아 이를 실천하게 되지 않을까. 진주정신은 지역과 학교가 무엇이고 어떤 출신이든, 무슨 신분이든, 성별과 신체와 능력이 어떠하든, 줄과 빽이 있든 없든, 혹시 생각과 주장이 다르다고 해도 서로간의 다름을 인정하고 증오를 멀리하는, 차별과 소외가 없는 평등한 세상을 추구하는, 관용과 배려를 존중하고 주체적인 삶과 사회를 희망하고 뜻을 모으는, 그런 세상을 만드는 것이야말로 '어른 김장하'가 꿈꾸었던 진정한 세상이 아니었을까.

그래서 다시 한번 들려주고 싶다. 혈연·지연·학연 등의 연고주의를 벗어나면 시기와 질투와 텃세로 얼룩진 지역감정도, '왕따'를 조장하는 패거리같은 고질적 파벌주의도, 승자독식과 무한경쟁을 조장하는 서열화도 넘어설 수 있다. 나아가 이념적으로 터부시한 금기마저 깨뜨린다면 기꺼이 갈등을 치유하고 통합도 공존도 가능하지 않을까. 진주정신이 내포하는 주체성과 자주성, 정의와 저항, 평등과 인권을 존중하는 삶은 우리를 더욱 사람답게 살도록 이끌어준다. 누구든 한국인이라면 이미 보편성을 획득한 이러한 진주정신을 받아들이고 실천할 수 있다. 진주사람은 지역성을 대표하는 말이지만 진주정신은 그렇지 않다. 물론 진주에는 논개의 정신이 있고, 밀양에는 의열단의 정신이 있으며, 광주에는 5·18항쟁의 정신이 있고 마산에는 3·15의거의 정신이 있다. 하지만 진주에는 특정한 인물과 사건 및 시간뿐만 아니라 장소를 넘어 사회적 동력으로 진주역사를 관통하고 흐르는 거대한 강물같이 사회를 통합하고 치유하는 진주정신이 있다. 주체·호의·평등으로 요약되는 진주정신은 어느 특정 지역이나 인물, 사건에만 국한되지 않는다. 그것은 지역과 인맥과 신분(직업)에 얽매이지 않는, 즉 편견 없는 '형평정신'이기 때문이다.

따라서 진주정신은 진주사람이라고 해서 저절로 주어지는 것이 아니라 역사적으로 부여된 진주정신의 의미를 체화하고 실천함으로써 발현할 때만이 주어지는 것이다. 예컨대 주체정신을 가지고 사회정의를 실천할 뿐만 아니라 평등정신을 가지고 사회적 차별을 철폐해야 한다. 김장하 선생이 특별히 강조한 것처럼 "가진 자와 못 가진 자, 배운 자와 못 배운 자, 남녀의 차별, 지역의 차별 등 아직도 우리 주변에 수없이 존재하는 차별을 물리치는 평등정신이 절실히 필요하기 때문"이라는 점을 명심하자. 태생적으로 부유하거나 신체적으로 우월하고 직업적으로 성공한 이들에 대해서는 무조건 찬양하고, 가난하거나 불구의 신체를 갖거나 일자리를 얻지 못한 실업자나 거리를 떠도는 노숙자들에 대해서는 꺼려하고 멀리하는 편견은 없었는지 생각해보자. 타고

난 재능이 없거나 남다른 노력이 부족하다는 점을 오로지 개인의 탓으로만 돌리고 게으름과 무능력의 소산이라고 함부로 단정짓지 말자. 대개의 모순적 상황은 혼자의 힘으로 해결할 수 없는 구조적인 경우가 많다. 게다가 모든 생각은 상대적이고 언제든지 처지가 바뀔 수 있다. 그래서 함께 살아야 하는 것이 우리 사회를 조화롭게 만드는 것이며, 이것이야 말로 인간적 덕목이며 사회정의를 이룩하고 상생을 도모하는 사회정신이 아닐까. 이러한 점에서 진주정신에 대한 김장하 선생의 생각은 의미심장하다. 하지만 이는 누구나 실천가능한 일상의 메시지이고 삶의 지침이며 우리가 지켜나가야 할 소중한 정신적, 경험적 유산이 아닐 수 없다.

④ 누가 불러주지 않아도 진주사람이다

이제 글을 마무리하겠다. 필자에게 진주는 논개의 정신을 흠모해 찾아온 곳이지만, 그곳에서 진주정신을 깨닫고 진주사람이 되었다. 그렇다면 필자에게 붙여진 말처럼 "나, 진주사람 김경현이오!"라는 영광스런 수식어도 누구에게나 각자에 맞게 붙일 수 있는 말이다. 그러나 누군가 불러줄 때까지 마냥 기다리기보다 자기 수준에서 눈높이를 맞추고 자신의 일을 성실히 수행하며, 사회적 책무를 잊지 않고 진주사람답게 꾸준히 행동하고 진주정신을 실천하면 진정으로 진주사람이 되지 않을까. 한때 사고무친으로 외로웠다고 해도 그렇게 오랜 시간 올곧게 한 길을 오롯이 걷다 보면 그런 말이 생각보다 더 빨리 주어지지 않겠는가. 누가 불러주든지 말든지 달이 차고 때가 되면 진주사람이라고 서슴없이 말할 자신감도 생기게 된다. 어쩌다가 마주친 진주사람이 아니라 늘 진주사람으로 있고 싶다고 말하고 싶다. 그동안 진주사람이 되고자 했던 한 이방인이 이미 진주를 사랑하고 자신도 모르게 진주정신을 실천하는 사람이 된 것처럼 말이다. 더 이상 진주정신의 허상론이나 진주사람의 무용론을 이야기하지 말자.

그렇다면 필자가 애타게 찾아왔던 진주정신은 무엇인가? 지난 삶을 반추해보면 아무래도 필자의 진주정신은 자신과 더불어 오랜 세월을 함께해 왔던 '진주역사 찾기'와 '역사전쟁 참전'에서 찾을 수 있겠다. 분에 넘치게도 이용창 민족문제연구소 연구위원은 필자가 쓴 저서에 대해 이렇게 언명했다. "『진주 죽이기』는 진주를 정말 사랑하는 '진짜 진주사람 김경현'이 진주(晋州)를 진주(珍珠)처럼 빛나게 살리려는 극약 처방의 심정을 담은 책"(《곰단지야》 2025년 6월호)이라고 표현했다. 정말로 필자는 살아오면서 '진짜 진주사람 김경현'이라는 극찬의 수사까지 듣게 될 줄은 정녕 몰랐다.

비록 어디에 있다고 할지라도 노예 같은 삶이 아닌 주인 같은 삶을 살고자 한다면 자신에 대한 변화뿐만 아니라 사회변화에도 힘을 보태야 한다. 그렇다면 누구든지 진주의 주인으로서 주인 된 삶을 살게 된다. 미력하나마 작은 물이 모여 강물을 이루고 거대한 물길을 만들어 바다로 향하듯 남강의 물결은 진주역사를 휘감으며 거침없이 흘러간다. '진주사람 되기'를 소망하고, 또 그렇게 되기를 바라는 것처럼 살 수 있다고 생각한다면 진정한 진주사람이라고 불리고 싶은 사람에게는 '진주사랑'과 '진주정신'이 일란성 쌍둥이처럼 함께 무럭무럭 자랄 것이다. 이제 누가 불러주지 않아도 당당히 외칠 수 있다. "나, 진주사람이라고!"

* 여기에 소개한 「김경현의 '진주사람 되기'」란 글은 2025년 진주문화연구소의 원고 청탁으로 《문화고을 진주》 제18호에 게재할 목적으로 쓴 「논개로 읽는 진주정신 -그녀의 메시지와 '진주정신', 그리고 '진주사람 되기'」의 일부분입니다. 원래는 보론적인 성격의 글인데, 『나, 진주사람 김경현이오!』에 게재하면서 이 책의 결론에 해당하는 총론적인 글이 되었습니다. (여기서는 《문화고을 진주》에 썼던 글의 일부를 인용해 수정·보완했습니다.)
** 《문화고을 진주》는 진주문화연구소가 발행하는 진주문화를 알리는 문화교양지입니다.

[사진 설명]
2024년 11월 16일 진주시립연암도서관에서 열린 북토크 때 저자 김경현이 왼손으로 『진주이야기 100선』을 탁자에 올려놓고, 오른손으로 『진주 죽이기』를 들어보이며 책을 소개하고 있다. 누군가의 표현처럼 '전라도 사투리 쓰는 진주사람' 김경현은 진주에서는 이방인이었는지 모르지만 진주토박이들도 궁금해 하는 『진주이야기 100선』과 『진주 죽이기』를 썼다. ©성순옥

에필로그

중이 제 머리도 깎는다

　이 책 프롤로그에서 언급한 것처럼 "중이 제 머리 못 깎는다"는 말은 사실일까. 어찌 보면 이 말은 굉장히 과장되고 와전된 부분이 적지 않다. 경험적으로 미루어 보면 언젠가 필자가 대중목욕탕에 갔을 때 목격한 일이 생각난다. 스님인지 고시생인지 혹은 '조폭'인지 몰라도 가위로 자기 머리카락을 자르고 다시 면도기를 이용해 스스로 머리를 밀면서 백호(白毫)치듯 '스킨헤드'로 만드는 것을 너무나 신기해서 민망함을 무릅쓰고 경이롭게 쳐다보았던 기억이 있다. 피 한 방울 흘리지 않고 강인하게 머리를 면도하는 것을 보니 한두 번 해본 솜씨가 아니다. 이발사도 자기 머리는 못깎는다고 하는데 그날 목욕탕에서 목격한 광경은 충분히 자기 머리도 빡빡 깎을 수 있다는 것을 보여주었다. 그래서 현실적으로 중이든 스님이든 무엇이 되었든 "제 머리 못 깎는다"는 속담은 더 이상 믿지 않게 되었다.

　사실 "중이 제 머리 못 깎는다"는 말은 진주사람이 되지 못한 필자에게 시사하는 무엇인가가 있었다. 여러해 동안 진주 역사와 문화에 관해 글을 쓰고 책을 냈다고 생각했는데 그렇다고 하더라도 진주사람이 되지 못한 것이 무엇인지 궁금했다. 아무리 진주이야기를 말하고 책을 냈다고 해서 다 진주사람으로 인정해주는 건 아니었다. 아무도 필자를 진주사람으로 불러주지도 대해주지도 않았기 때문이었을까. 그러나 중이 아니라서 제 머리를 깎지 못한 것이 아니고 진주사람이 아니라서 진주이야기를 쓰지 못하는 것은 아닐 것이다. 공부가 많이 된 스님처럼 자기 머리를 스스로 삭발하고 용맹정진하듯 화두를 떠올리고 생각을 정리해본 사람이라면 누구든 자기가 살고 있는 지역의 역사와 이야기도 충분히 쓰거나 말하지 않을까.

달이 차면 기울듯이 공부가 된 스님은 비로소 자신의 허물을 벗겨내듯 제 머리를 깎는다. 그 말처럼 우리도 공부를 제대로 한 사람이라고 한다면 자신의 그릇을 알게 모르게 비우고 다시 채울 것이다. 비록 진주사람이 아니라도 누구든지 그릇이 가득 채워졌다면 저절로 그릇 밖으로 흘러내리는 것들을 주워 담을 수 있다. 그것을 모으면 누구나 재미있는 이야기책 한 권 정도는 쓸 수 있지나 않을까. 물론 처음에는 머리를 깎든 글을 쓰든 자기 혼자 하기엔 모두 어설프고 서툴기 마련이다. 자기 머리를 쥐어뜯는 듯 볼품없게 깎을지 모르겠지만 결국 나중에는 숙련된 솜씨로 깨끗하게 밀어낸 반짝거리는 민머리를 만드는 익숙한 경지까지 이른다. 빈그릇도 내용물이 찰수록 흘러넘치지만 남은 것은 허드렛물처럼 보여도 요긴하게 쓰이기 마련이다. 시간이 지날수록 맹물은 흘러가고 빈그릇에는 진국만 남게 되는 것과 같지 않을까.

하지만 공부를 많이 하고 지식을 많이 쌓았다고 해서 일개 지역의 역사라고 가볍게 볼 수는 없으며, 또한 제대로 알고 있다고 말할 수도 없다. 물론『진주이야기 100선』이나『진주 죽이기』가 학술적인 깊이를 보여주는 책이라고 볼 수 없고 고차원적이거나 심오한 저술이라고 절대로 볼 수 없지만 읽어보면 분명히 얻을 게 있다. 이 두 책을 쓰기 위해 진주역사를 공부하면서 그 깊이와 넓이를 더해갈 수 있었던 것은 집필의 과정에서 얻은 보이지 않는 성과이다. 그런 점은 이 책 본문에서 밝힌 인터뷰의 일문일답(Q&A)을 보면 필자의 역사탐구의 동기와 과정을 어느 정도 짐작하고 이해할 수 있을 것이다. 인터뷰의 질문에 대해 의외의 답을 내놓은 것은 없지만 뻔한 대답을 내놓은 것도 없다. 자기가 살고 있는 지역의 역사도 어느 순간에 말문이 트인 것처럼, 혹은 스스로 자기 머리를 깎는 것처럼 답은 절로 나오기 마련이다. 그때 비로소 자신의 입으로 했던 말이 공상이나 허언 또는 망상이 될 수 없으며, 자신의 손으로 남긴 글이 거짓이나 위조가 될 수 없다. 삶이 글이 되고 글이 삶이 되는 날까지 성찰하며, 기록하며 살고 싶다.

그동안 다른 사람의 눈에 비친 필자의 모습은 어땠을까. 대답은 이러하다. 이미 본문에서 언급한 것처럼 이우기 경상국립대 홍보실장은 필자에 대해 "진주 출신이 아닌 그의 눈에 비친 진주는 어떠했을까요?"라고 묻고는 "가장 진주사람이 아니었기에 가장 진주다운 이야기를 쓸 수 있었던 것"이라고 말한 필자의 답을 인용함으로써 그 해답을 대신했다. 그렇기에 필자는 흔치 않은 진주이야기를 찾아낼 수 있었다. 아울러 흘러넘치는 진주이야기를 버리지 않고 그 아이템을 모아『진주이야기 100선』을 쓸 수 있었고, 이를 증보한『김경현의 진주이야기 100선』을 다시 펴낼 수 있었다. 더 나아가 그 후속작업으로 새롭게 쓴『진주 죽이기』까지 내놓을 수 있었다. 생각하기 나름이겠지만 그것은 기존의 관념에서 벗어난 독특한 역사해석이며 새로운 글쓰기의 시도였고 지역에서 콘텐츠를 발굴해 쓴 특별한 방식의 이야깃거리였다. 필자는 이 두 책을 쓰면서 진짜 진주사람이 될 수 있다는 가능성을 믿게 되었다. 열심히 하면 언젠가는 누군가가 의해 "진주사람 김경현이오!"라고 불러주는 것처럼 그런 때가 있게 될 것이라고 굳게 믿었다. 어쩌면 스스로 머리를 깎아가는 과정에서 비로소 진주사람이 될 수 있다는 자기최면과 예감이 들었던 것은 아닐까. 그런 점이 진주정신의 의미를 깨닫게 함으로써 다시금 진주사람이 될 수 있다는 확신을 갖게 만들었는지도 모른다.

사실 진주이야기에 관한 일련의 저작은 여러모로 공들여 썼던 책이라고 할 수 있다. 그래서 지역의 역사 속에서 어렵게 찾은 이야기에는 많은 추억이 묻어있다. 특히『진주이야기 100선』과

『진주 죽이기』는 필자가 처음 진주에 온 뒤부터 진주를 알아가는 기쁨 속에 느낀 설렘과 호기심을 담아 쓴 것이다. 그동안 머리에 차곡차곡 담아두기만 했던 사연을 풀어 우선 이 두 권의 책으로 정리해보았다. 그래서 흘러넘치는 낙숫물을 대충 담은 것이라고는 생각하지 않는다. 그냥 두 손으로 받았다가 손가락에 걸린 고만고만한 이야기를 담은 것이라고는 보지 않기 때문이다. 마냥 편하게 간추려 쓴 것 같지만 한 꼭지 한 꼭지가 모두 치열한 고민과 취재의 결과로 만들어 낸 것이다. 결코 일필휘지로 순식간에 쓴 글이 아니다. (사실 필자는 그럴 능력도 재주도 없다.) 그래서 진주의 역사와 문화를 찾아가는 길에서 쉽게 주운 불로소득은 아닌 셈이다. 결국 이 책은 누군가 보기에 따라서는 역사비평이라기보다 '역사잡문(歷史雜文)'에 가까운 글이라고 할지 모르겠으나 전혀 개의치 않는다. 그래도 이렇게 모은 이야기는 계속될 것이고, 앞으로도 몇 권이나 더 책에 담아낼 수 있지 않을까 기대해본다.

비록 25년 전에 첫 번째 책을 내놓고, 이를 다시 수정·보완한 증보판을 두 번째 책으로 펴냈으며, 이어 또다시 그 책의 후속작을 세 번째 책으로 내놓기까지 오랜 시간이 걸렸지만 이 세 가지 책은 필자에게 많은 영감을 주었고 잊을 수 없는 기억과 여러 가지 이야깃거리를 남겼다. 그동안 필자는 주변으로부터 적지 않은 성원을 받았는데, 많은 분이 『김경현의 진주이야기 100선』과 『진주 죽이기』에 대한 글을 읽고 소개, 서평, 리뷰 등으로 느낀 소감을 다양하게 밝혔다. 이들이 보내준 응원은 필자에게 많은 용기와 큰 힘이 되었다. 그래서 이 책을 빛내고 있는 여러 글쓴이의 글에 대해 감사드리며, 특히 마지막 편집과정에서 급한 부탁임에도 흔쾌히 글을 보내주신 전 거창 샛별초등학교장 주중식 선생을 비롯해 경상국립대 사회학과 김명희 교수와 국사편찬위원회 정대훈 편사연구관에게도 깊은 감사의 인사를 드린다. 필자는 세 분이 쓴 글에서 모두 애정어린 진심과 다독여주는 위안을 느꼈다. 그중에 필자가 졸업한 모교 사회학과 김명희 교수는 공교롭게도 자신의 저서 『다시 쓰는 자살론 : 자살국가와 사회정의』의 출간을 앞두고 있었지만, 인쇄본 최종교를 보는 바쁜 와중에서도 이 책을 위해 기꺼이 글을 쓰고 보내주었다. 글을 받아본 필자는 형언할 수 없는 감정을 느꼈고 뜨거워진 마음을 한동안 추스리지 않을 수 없었다. 주중식 선생과 정대훈 편사연구관의 글에서도 마찬가지의 마음이었다. 큰 빚을 졌다. 다음은 김명희 교수에게 보낸 카톡으로, 그때 쓴 글은 짧은 문자였지만 필자가 느꼈던 솔직한 심정이기도 했다.

"존경하는 김명희 교수님. 교수님의 옥고를 정신없이 읽고는 잠시 멍한 채 창밖 하늘을 바라보며 한없이 기쁘고 한없이 송구한 마음을 추스르고 있습니다. 나이가 든 모양입니다. 왠지 눈이 먹먹하고 마음이 촉촉해짐을 느낍니다. 그동안 학문적 소양과 능력이 없음을 자인하고 오래전에 학위를 포기한 채 낭인이 되어 논문 아닌 잡문만 쓰고 있다는 자괴감 때문에 괴로웠습니다. 그래서 누군가의 '인정(認定)'이 그리웠는지도 모릅니다. 호평도 혹평도 그 무엇도 견줄 수 없을 만큼 교수님의 글은 강렬했습니다. 제가 손댈 것은 전혀 없으며 교수님의 글을 제 책에 모시게 된 것은 행운이고 영광이었습니다. 마음은 긴말로 넘치나 우선 여기서 멈춥니다. 고맙습니다. 김경현 올림"

 이렇듯 모두로부터 너무나 많은 도움이 있었으므로 평생 잊지 못할 은혜를 입었고, 오랫동안 지지와 사랑을 받을 수 있어서 너무 행복했고 큰 영광이었다. 그렇기에 필자는 진주사람이란 긍지를 가질 수 있었고 이 경험은 앞으로 어떤 진주이야기라도 쓸 수 있는 저력과 동력으로 작용할 것이라고 굳게 믿는다. 그래서 중이 아니더라도 충분히 자기 머리도 깎을 수 있다는 확신이 든다. 이제 "중이 제 머리 못 깎는다"는 속담은 마땅히 수정되어야 한다.

『김경현의 진주이야기 100선』과 『진주 죽이기』를 말하다

나, 진주사람 김경현이오!

편저자 : 김경현

발행일 : 2025년 8월 25일

발행인 : 이문희
발행처 : 도서출판 곰단지
주   소 : 경남 진주시 동부로 169번길 12, 윙스타워 A동 1007호
전   화 : 070-7677-1622
팩   스 : 070-7610-2323
이메일 : gomdanjee@hanmail.net

ISBN : 979-11-94688-05-1 (93300)

이 책은 저작권법에 따라 보호받는 저작물이므로 무단 전재와 무단 복제를 금지하며
이 책 내용의 일부를 이용하려면 반드시 저작권자와 도서출판 곰단지의 서면동의를 받아야 합니다.
이 책은 2025 경남 지역서점 및 출판문화 활성화 지원사업의 보조를 받아 발간되었습니다.